Kraft-Räume

Gedanken und Gebete für Männer

Herausgegeben von
Martin Rosowski und Andreas Ruffing

Butzon & Bercker
Luther-Verlag

Bibliografische Information Der Deutschen Bibliothek

Die Deutsche Bibliothek verzeichnet diese Publikation in der Deutschen Nationalbibliografie; detaillierte bibliografische Daten sind im Internet über http://dnb.ddb.de abrufbar.

ISBN-13: 978-3-7666-0748-5 (Butzon & Bercker)
ISBN-13: 978-3-7858-0504-6 (Luther-Verlag)

ISBN-10: 3-7666-0748-0 (Butzon & Bercker)
ISBN-10: 3-7858-0504-7 (Luther-Verlag)

© 2006 Verlag Butzon & Bercker, 47623 Kevelaer, Deutschland
Alle Rechte vorbehalten.
Umschlagbild: Archiv
Umschlaggestaltung: Elisabeth von der Heiden, Geldern
Satz: Fotosatz Rosengarten GmbH, Kassel
Printed in Germany

Inhalt

Einleitung 7

Klaus Vellguth
Liebe 13

Detlev Gause
Angst 35

Bruder Paulus Terwitte
Freude 55

Eckhard Käßmann
Wut 77

Hans-Georg Wiedemann
Trauer 99

Markus Hofer
Hoffnung 119

Autorenverzeichnis 141

Quellenverzeichnis 143

Einleitung

Letzte Woche in der Buchhandlung:
"Wo haben Sie die Abteilung über Religion?"
"Welche?" –
"Na, christliche ..."
"Also, Theologie haben wir überhaupt nicht, ansonsten finden Sie vielleicht etwas unter Kulturgeschichte ..."

Im Regal mit der Aufschrift Kulturgeschichte: „Die Bibel in Luther- und Einheitsübersetzung", „Frauen der Mystik", „Spirituell Heilen", „Schamanismus", „Der Dalai Lama", „Buddhismus und Zen", „Der alte – der neue Papst" ...

"Was wir da haben, ist nicht so toll?! Tut mir leid, aber was Sie suchen, wird nicht so nachgefragt wie z.B. Ratgeber aller Art oder Esoterik – wenn Sie möchten, können wir Ihnen aber alles bestellen!"

...
Wird nicht nachgefragt. Findet nicht statt?
Eine Gesellschaft ohne religiöse Heimat?
Placebo für die Seele?

Doch wir haben allein in diesem Jahr auch all das erlebt: Millionenfache Trauer bei der Beisetzung von Johannes Paul II., weltweite Euphorie bei der Papstwahl und hunderttausendfache Freude am Glauben pur beim Evangelischen Kirchentag und beim Weltjugendtag.

Der Mensch ist Sehnsucht ... Sehnsucht nach der sinnlichen Überschreitung seiner Lebenswirklichkeit – gerade heute, in einer technologisch dominierten Atmosphäre der Rationalität und emotionalen Kälte.

Und die Männer?
Emotional amputiert, religiös unterbelichtet, ohne spirituellen Draht?

Alle neueren Studien haben den gängigen Klischees zum Trotz ergeben: Männer fühlen sich sehr wohl spirituell kompetent – doch sie legen hohen Wert darauf, ihre religiösen Erfahrungen selbstbestimmt zu gestalten und ihnen ihre eigene männliche Stimme zu geben. Wer diese Männer-Stimmen hören will, muß ihrer Suche nach der Seele Raum geben – vor allem aber muß er wirklich hören wollen ...

Deswegen haben wir Männer dieses Buch für Männer geschrieben: Nicht als Theologen, nicht als Erwachsenenbildner, nicht als Berater – schlicht als Männer ...

... mit unserer je eigenen

Liebe,
unserer **Angst,**
unserer **Freude,**
unserer **Wut,**
unserer **Trauer**
und unserer **Hoffnung**

– mit den Grundströmen unseres Männerlebens: fragmentarisch, zu-fällig, reich-haltig ...

Wir haben das Buch „Kraft-Räume" genannt: „Gedanken und Gebete für Männer".

Quellen suchen –
Räume entdecken –
Kraft schöpfen –
das ist elementar für das Leben!

Was ist mir wichtig?
Was macht Sinn?
Was gibt Kraft?

Wir trachten nach einem Leben in Freiheit – dazu sind wir befähigt. Doch es gehört ebenso die Bindung wie die Verantwortung dazu. Leider erleben wir oft allzu viele wichtige Bereiche unseres Lebens als fremdbestimmt. Wir sehnen uns nach Räumen, in denen wir auftanken oder die Seele baumeln lassen können – den Quellen des Sinns und der Kraft nahekommen – Gott nahe sein:

In der Stille des Klosters,
der Geborgenheit der Beziehung,
der Meditation, des Gebetes,
der Harmonie der Musik

– und immer öfter das Erleben der Natur.

Viele von uns verbinden spirituelle Erfahrungen mit der Berührung der Natur:

Das Erfahren von Kälte und Wärme,
die Verbundenheit mit der Kraft des Wachstums,
die in Morgengrauen und Abenddämmerung sinnliche Wahrnehmbarkeit des Tageswechsels,
die Unendlichkeit des Alls, die im Sternenhimmel erahnbar wird,
die Ursprünglichkeit des Meeres und die Erhabenheit der Berge

– all das rührt in uns das Gefühl an, Teil der allumfassenden Schöpfung zu sein und fordert uns zugleich zur Frage nach ihrer Ordnung heraus.

Die kirchlichen Lehren tun sich schwer mit solchen Verbindungen zwischen Natur und Religion. Und doch ist es die Bibel, die in starken Bildern aus der Natur Gott als den Herrn der Schöpfung preist – am kraftvollsten wohl im 104. Psalm:

„Du hüllst dich in Licht wie in ein Kleid,
du spannst den Himmel aus wie ein Zelt.
Du verankerst die Balken deiner Wohnung im Wasser.
Du nimmst die Wolken zum Wagen,

du fährst einher auf den Flügeln des Sturmes.
Du machst dir die Winde zu Boten
und lodernde Feuer zu deinen Dienern.
Du hast die Erde auf Pfeiler gegründet;
in alle Ewigkeit wird sie nicht wanken.
Du hast den Mond gemacht als Maß für die Zeiten,
die Sonne weiß, wann sie untergeht.
Du sendest Finsternis, und es wird Nacht,
dann regen sich alle Tiere des Waldes.
Strahlt die Sonne dann auf, so schleichen sie heim
und lagern sich in ihren Verstecken.
Nun geht der Mensch hinaus an sein Tagwerk
an seine Arbeit bis zum Abend.
Herr, wie zahlreich sind deine Werke!
Mit Weisheit hast du sie alle gemacht,
die Erde ist voll von deinen Geschöpfen."

_ Psalm 104,2–5.19f.22–24

Schon vor so langer Zeit haben die Menschen also ihre Frage danach gestellt, „was die Welt im Innersten zusammenhält". Davon zeugen auch die Psalmen mit ihrer herrlich kraftvollen Sprache.
Vor allem aber sind sie Zeugnis der Menschen, die sich angesichts eben dieser Grundströme des Lebens je

hingebend,
geängstigt,
voll Freude,
wütend,
traurig,
immer aber hoffend
ihrem Gott anvertrauten ...

Ob ihre ganz persönlicher Zwiesprachen mit Gott kirchlicher Dogmatik standgehalten hätten?

In unserem Buch geht es nicht um „einzige Wahrheiten" – es geht um das Gespräch unter Männern über Spiritualität,

Gotteserfahrung und religiöses Empfinden. Das Hören auf die Erfahrungen des jeweils anderen steht im Vordergrund; das „Wissen" um die Wahrheit tritt in den Hintergrund.

Daher kommen in diesem Buch auch Männer mit völlig unterschiedlichen Lebensentwürfen und -hintergründen zu Wort. Es sind drei katholische und drei evangelische Männer. Der eine ist Ordensbruder, der andere homosexueller Pfarrer und Aidsseelsorger; einer arbeitet bei einem katholischen Missionswerk, ein anderer ist evangelischer Theologe und Ehemann einer Landesbischöfin; schließlich ist einer Leiter eines Männerbüros und ein anderer evangelischer Pfarrer im Ruhestand und beratender Seelsorger. Väter – Großväter – Ehemänner – Singles – Ordensmänner: Vielfalt an Männerleben und Vielfalt an spirituellen Erfahrungen.

Vielfalt bedeutet Differenz – aus Differenz erwächst Spannung. Doch die Spannung dieses Buches besteht nicht in Konzepten und Entwürfen. Sie ist eine Spannung zwischen Erfahrungspolen. Zwischen diesen Polen spannt sich eine Brücke der Spiritualität – Spannung, die überbrückt, die Energie und Kraft freisetzt.

So entstehen Kraft-Räume, die Männer zur Stille, zur Besinnung, zum Einkehren, zum Gebet, zum Gespräch mit Gott ermutigen möchten.

Kassel / Fulda im Sommer 2005

_ Martin Rosowski / Andreas Ruffing

Klaus Vellguth

Liebe

Mein Sohn, vergiß meine Lehre nicht,
bewahre meine Gebote in deinem Herzen!
Denn sie vermehren
die Tage und Jahre deines Lebens
und bringen dir Wohlergehen.
Nie sollen Liebe und Treue dich verlassen;
binde sie dir um den Hals,
schreib sie auf die Tafel deines Herzens!
Dann erlangst du Gunst und Beifall
bei Gott und den Menschen.

_ *Sprichwörter / Sprüche Salomos 3,1–4*

MÄNNERGESCHICHTEN

Schmerzlicher Reichtum

Es war der Moment, als wir unser ungeborenes Kind in der 16. Schwangerschaftswoche verloren haben. Von einer Sekunde auf die andere hatte die Welt ihr Gesicht verändert. Nebel legte sich über meinen Tag, wie von Säure zerfressen hatte sich das Gefühl der Geborgenheit in mir aufgelöst. Und das Glück, das zuvor noch bei mir zur Untermiete gewohnt hatte, war, ohne zuvor Abschied zu nehmen, auf Wanderschaft gegangen. Was blieb, war ein wüstes Sammelsurium der Gefühle:

Ein Ozean, in dessen Wasser ich jede meiner Tränen schmecken kann.

Eine Kerze, deren flackerndes Licht mich daran erinnert, daß mitunter schon ein Windstoß das Licht des Lebens auslöscht.

Eine Knospe der Rose, die von der zärtlichen Liebe erzählt, in der das Kind gezeugt wurde, die sich nun aber nie mehr entfalten und blühen wird.

Ein Blick in die Leere, die sich beharrlich weigert, mir zu verraten, ob unser Kind ein Junge oder Mädchen ist.

Ein gut geschmiertes Zahnrad, das mich weiterlaufen läßt in der Banalität des Alltags.

Ein Terminkalender, der mich aus meinem Schmerz herausreißt und zur betäubenden Alltäglichkeit zwingt.

Ein Vergißmeinnicht, das ich dennoch wortwörtlich wachsen lasse.

Es war der Tag, als die Gefühle in mir heimatlos herumirrten. Ausgeliefert dieser Vielzahl von Traurigkeiten spürte ich, daß in ihnen meine unausgesprochene Liebeserklärung an mein Kind erklang. Und so wich die Fassungslosigkeit allmählich der Gewißheit, daß mein viel zu früh geborenes Kind mein Leben um einen Schmerz bereichert hat, den ich nicht mehr missen möchte.

Die Hoffnung höret auf, der Glaube kommt zum Schauen,
Die Sprachen redt man nicht und alles, was wir bauen,
Vergehet mit der Zeit: die Liebe bleibt allein.
So laßt uns doch schon jetzt auf sie beflissen sein!

_ Angelus Silesius

Kein Bildnis

Unsere Meinung, daß wir das andere kennen, ist das Ende der Liebe, jedes Mal, aber Ursache und Wirkung liegen vielleicht anders zusammen, als wir anzunehmen versucht sind – nicht weil wir das andere kennen, geht unsere Liebe zu Ende, sondern umgekehrt: weil unsere Liebe zu Ende geht, weil ihre Kraft sich erschöpft hat, darum ist der Mensch fertig für uns. Er muß es sein. Wir können nicht mehr! Wir kündigen ihm die Bereitschaft, auf weitere Verwandlungen einzugehen. Wir verweigern ihm den Anspruch alles Lebendigen, das unfaßbar bleibt, und zugleich sind wir verwundert und enttäuscht, daß unser Verhältnis nicht mehr lebendig ist.

„Du bist nicht", sagt der Enttäuschte oder die Enttäuschte, „wofür ich dich gehalten habe."
Und wofür hat man sich denn gehalten?
Für ein Geheimnis, das der Mensch ja immerhin ist, ein erregendes Rätsel, das auszuhalten wir müde geworden

sind. Man macht sich ein Bildnis. Das ist das Lieblose, der Verrat. (...)
Du sollst dir kein Bildnis machen, heißt es von Gott. Es dürfte auch in diesem Sinne gelten: Gott als das Lebendige in jedem Menschen, das, was nicht erfassbar ist. Es ist eine Versündigung, die wir, so wie sie an uns begangen wird, fast ohne Unterlaß wieder begehen. Ausgenommen wenn wir lieben.

_ Max Frisch

Dreiklang

Die beiden trieben ab, das Boot schwankte, bewegt durch das Schaukeln der Lachenden. Und wieder trug sie die Strömung dahin, der fächelnde Wind kräuselte das Wasser, brachte frischere Lüfte ... Einmal legte die Claire die Hand auf den Bootsrand: diese ein wenig knochige und männliche Hand, auf deren Rücken blaßblaue Adern sich strafften; ... Die Hand hing im Wasser und zog einen quirligen Streif, dunkelgrün und klar lagen die Ufer weit zurück. Leuchtender, leuchtender Tag! – Da-sein, voraussetzungsloses Dasein und immerfort wissen, daß eine ist, die gleich fühlt, gleich denkt ... (Denkt, fühlt sie wirklich? Aber ist das nicht einerlei, wenn wir nur glauben?) Nun, wir glauben eben einmal, daß wir uns nur deshalb nicht begegnen, weil wir nebeneinander demselben Ziel zulaufen, gleich strebend, parallel – ... Dies zu wissen – das ist Glück. Ein Seitenblick genügt: all deine Empfindungen sind hier noch einmal, aber umkleidet mit dem Reiz des Fremden. Wozu noch sprechen? Wir wissen, wir wissen. Und das Erlebnis und ich und sie – das gibt einen Klang, einen guten Dreiklang.

_ Kurt Tucholsky

Dort hatten sie kein elektrisches Licht

So las ich im Licht einer matten Kerze,
ins Bett verkrochen,
was zum Lesen zur Hand war –
die Bibel auf portugiesisch (wie seltsam!), für Protestanten bestimmt.
Und wieder las ich den „Ersten Brief an die Korinther".
Die übergroße Stille dieser Nacht auf dem Lande
wirkte widersprüchlicherweise laut,
brachte mich an den Rand der Tränen vor Trostlosigkeit.
Der „Erste Brief an die Korinther".
Ich las ihn erneut im Licht einer Kerze, die plötzlich uralt schien,
und ein großes Gefühlsmeer rauschte in mir ...
Ich bin nichts ...
Eine Einbildung bin ich ...
Was will ich denn überhaupt von mir und von den Dingen auf dieser Welt?
„Und hätte der Liebe nicht" ...
Das erhabene Licht entsendet, von der Höhe der Zeiten,
die große Botschaft, die der Seele die Freiheit schenkt ...
„Und hätte der Liebe nicht" ...
Gott, und ich habe die Liebe nicht! ...

_ Fernando Pessoa

Ein Scheckheft läßt sich in den Tod nicht mitnehmen.
Angesichts der Ewigkeit gilt eine einzige Währung:
getane und gelebte Liebe.

_ Dom Helder Camara

Jakobsweg

„Von allen Dingen, auf die der Mensch gekommen ist, um sich selbst weh zu tun, ist das schlimmste die Liebe. Wir leiden ständig, weil jemand uns nicht liebt, weil jemand uns verlassen hat, weil jemand nicht von uns läßt. Wenn wir ledig sind, dann nur, weil uns niemand will, sind wir verheiratet, machen wir aus der Ehe Sklaverei. Schrecklich!" meinte er grimmig.

Wir gelangten auf einen kleinen Platz, an dem die Kirche lag, die ich gesehen hatte. Sie war klein und schlicht. Ihr Glockenturm ragte in den Himmel. Ich versuchte den Engel noch einmal zu sehen. Doch es klappte nicht.

Petrus sah zum Kreuz hinauf. Ich dachte, er sähe den Engel. Doch dem war nicht so. Er begann sogleich mit mir zu reden.

„Als Gottes Sohn auf die Erde kam, brachte Er die Liebe. Aber da die Menschen Liebe immer mit Leiden und Opfer gleichsetzen, haben sie Ihn am Ende gekreuzigt. Wäre es nicht so, würde niemand an Seine Liebe glauben, denn alle sind gewohnt, täglich an ihren Leidenschaften zu leiden."

Wir setzten uns auf den Bordstein und blickten weiter auf die Kirche. Wieder einmal war es Petrus, der das Schweigen brach.

„Weißt du, was Barabbas heißt, Paulo? Bar heißt Sohn, und Abba heißt Vater."

Er starrte auf das Kreuz auf dem Glockenturm. Dabei leuchteten seine Augen, und ich spürte, daß er von etwas erfüllt war, vielleicht von dieser Liebe, über die er so viel sprach, doch ich verstand ihn nicht recht.

„Wie weise ist doch der Ratschluß Gottes!" sagte er, und seine Stimme schallte über den Platz. „Als Pilatus das Volk

bat zu wählen, ließ er ihm im Grunde keine Wahl. Er zeigte einen gepeinigten, zerstörten Mann und einen anderen, der das Haupt erhoben trug: Barabbas, den Revolutionär. Gott wußte, daß, damit Er Seine Liebe beweisen konnte, das Volk den Schwächeren in den Tod schicken würde."
Und er schloß:
„Und dennoch, wen immer das Volk auch wählen würde, immer würde der Sohn des Vaters am Ende gekreuzigt werden."

_ Paulo Coelho

*Man kann ohne Liebe Holz hacken,
man kann aber nicht ohne Liebe
mit Menschen umgehen.*

_ Leo Tolstoi

GEBETE

wehrlos

gefallen
in das meer der
sehnsucht,
versagen alle
schwimmbewegungen,
die ich einst lernte,
um mich an der
oberfläche
zu halten.

hinabgezogen
von der kraft der liebe,
ist der sog so stark,
daß erst der
meeresboden
halt verspricht.

versunken
in meinen gefühlen,
gibt es kein tief,
das ich nicht
ergründet habe.

ermattet
mitten im schlaf,
liege ich wach
und weiß,
o mein gott,
daß mir jeder tropfen
dieses von dir geschaffenen ozeans
heilig ist.

dreiländereck

wieder einmal
an dem punkt angekommen
an dem
familie
beruf
und die stimme meiner seele
aufeinander treffen
ein harmonisches bild
inzwischen
mit weit geöffneten grenzen

fast vergessen die zeit
als die länder
in immer neuen konstellationen
kriege miteinander führten

das dreiländereck
ist der punkt der harmonie
dank sei dir mein gott
daß sich die kriegführenden länder
nach zahlreichem gemetzel
auf diesen punkt
verständigt haben.

liebesbegegnung

guter gott,
ich will dir nah sein
dir begegnen,
doch zugleich bin ich
mit allen meinen sinnen
bei meiner frau.

guter gott,
ich will dich spüren,
zu dir sprechen,

doch zugleich siegt
in meinen gefühlen
die liebe zu meinen kindern.

guter gott,
du willst mir nah sein,
mit mir eins sein.
deshalb begegnest du mir
in jeder minute
in der ich
liebe

Lieben

Herr, mache mich zu einem Werkzeug Deines Friedens!
Wo der Haß herrscht, laß mich Liebe geben.
Wo die Beleidigung herrscht, laß mich Verzeihung gewähren.
Wo die Zwietracht herrscht, laß mich die Einheit wirken.
Wo der Irrtum herrscht, laß mich die Wahrheit leben.
Wo der Zweifel herrscht, laß mich den Glauben bekennen.
Wo die Verzweiflung herrscht, laß mich die Hoffnung singen.
Wo die Dunkelheit herrscht, laß mich das Licht bringen.
Wo die Trauer herrscht, laß mich die Freude verkünden.

Herr, laß mich nicht so sehr danach verlangen,
Getröstet zu werden als zu trösten,
Verstanden zu werden als zu verstehen,
Geliebt zu werden als zu lieben.

Denn,
Nur wer gibt, erhält.
Nur wer sich vergißt, findet.
Nur wer verzeiht, erhält Verzeihung.
Nur wer stirbt, ersteht zum ewigen Leben!

_ *Dem heiligen Franziskus von Assisi zugeschrieben*

herr, deine liebe

gott, ich verstehe
das kirchenlied nicht mehr,
denn deine liebe
ist nicht wie gras und ufer,
sondern abgegrast
und hinter dem horizont verschwunden.

gott, ich verstehe
deine verheißungen nicht mehr,
denn deine liebe
kann doch wohl nicht ertragen,
daß schon wieder ein kind
im straßenverkehr verunglückt ist.

gott, ich verstehe –
will deine untätigkeit nicht verstehen,
wenn in asien der tsunami
unzählige menschen tötet,
wenn in pakistan die erde bebt,
wenn geliebte menschen sinnlos sterben.

gott, ich verstehe
deine liebe nicht,
doch laß mich nicht verstummen:
herr, deine liebe
ist wie gras und ufer.

GEDANKEN UND TEXTE

So groß

So groß kann die Liebe zwischen Mann und Frau werden,
daß die Hand einer Frau
dem Mann den Halt fürs Leben gibt.

So groß kann die Liebe zwischen Mann und Frau werden,
daß die Frau ihre Sehnsucht nach Geborgenheit
in den Armen ihres Mannes aufgehoben weiß.

So groß kann die Liebe zwischen Mann und Frau werden,
daß der Mann sein ungeborenes Kind
in den Augen seiner Frau erblickt.

So groß kann die Liebe zwischen Mann und Frau werden,
daß die Frau ihre Lust auf Leben
an der Seite eines Mannes frei entfalten kann.

So groß kann die Liebe zwischen Mann und Frau werden,
daß beide das Glück der Welt
im anderen finden.

So groß kann die Liebe zwischen Mann und Frau werden,
daß Gott diese Liebe segnet,
damit sie für Mann und Frau
für alle Zeit
zur Liebe ihres Lebens wird.

*Einen Menschen lieben
heißt, ihn so zu sehen,
wie Gott ihn gemeint hat.*

_ Fjodor Dostojewski

Reflex

Pawlows Versuche haben bewiesen, daß Tiere in der Lebenszeit von drei Generationen dank ihrer Wahrnehmung und aus Erfahrung einen Reflex ausbilden. Die Ratte, für die man im Käfig jedes Mal eine Klingel ertönen läßt, wenn man ihr das Fressen bringt, lernt, daß es zwischen dem Klingeln und der Nahrung einen Zusammenhang gibt. Das Junge dieser Ratte erkennt das schon nach fünfhundert Klingelzeichen, ihre Enkelin erlernt ebendiese lebenswichtige Kunst schon nach fünfzig Klingelsignalen, die Urenkelin der Ratte kommt bereits beim ersten Klingeln angelaufen, denn die Erfahrung der Vorfahren wurde in diesem Abkömmling schon zum Reflex ausgebildet.

Natürlich funktionieren nicht nur Bauchspeicheldrüse und motorische Nerven über die reflektorische Steuerung; jede einzelne der innersekretorischen Drüsen hat in den Jahrtausenden der Entwicklung ihre Lektion gelernt, und das nicht nur bei den Ratten. Diese innersekretorischen Drüsen machen mich, den ausgelernten Schriftsteller, zum Beispiel darauf aufmerksam, daß mir die Frau, die mir in der Vorhalle des Theaters entgegenkommt, ganz ausnehmend gut gefällt, daß sie diejenige, die richtige ist, für die ich mich einmal eines reifversengten Morgens draußen im Hüsvösvölgy aufknüpfen werde.

In den Spalten der Boulevardpresse wie in der Dichtung verwendet man für die Funktion der innersekretorischen Drüsen den gängigen Ausdruck „Liebe". Momentan glaube ich noch, daß die Liebe Geheimnis, Wunder, Inbrunst ist. Aber eine Erfahrung, die Stimme der Vernunft, sagt mir, daß diese innere Erschütterung nichts anderes sein kann als ein Reflex. Wirklich nichts sonst? ... Vielleicht ist es schon das Alter, aber ich beginne, an Wunder zu glauben, und will mich doch nicht damit abfinden, daß es nur ein Reflex ist. Und so wiederhole ich störrisch und naiv: „Liebe, Liebe".

_ *Sandor Marai*

gebirge sind

gefühllos tastend
die suche nach dem,
was in dir
liebe ist.

verzweifelt erinnert,
an liebe,
die damals doch
nur ersehnt.

ernüchternd verstanden,
daß die sehnsucht des
lebens
niemals machbar.

sandhaufen ertstehen,
doch nicht gebirge.
sie sind.

Der Weg zu dir

Die Kilometer
haben Beine bekommen
die Sieben Meilen
haben Stiefel bekommen
Die Stiefel laufen alle
davon zu dir

Ich will ihnen nachlaufen
da stürzt mein Herz sich auf meinen
geschnitzten Stock
und hüpft
und hüpft außer Atem
den ganzen Weg bis zu dir hin

Nach jedem Sprung
fällt es auf Wirklichkeit
(so bin ich immer wieder
fast hingefallen
in deinem Garten
auf den Stufen zu dir hinauf)

Jedes Mal wenn es fällt
schlägt es auf
wie mein Stock auf die Stufen
Hörst du ihn klopfen?
Hörst du mein Herz klopfen lauter
als meinen Stock?

_ *Erich Fried*

Ehe

Wir haben Kinder, das zählt bis zwei.
Meistens gehen wir in verschiedene Filme.
Vom Auseinanderleben sprechen die Freunde.
Doch meine und Deine Interessen

berühren sich immer noch
an immer den gleichen Stellen.
Nicht nur die Frage nach den Manschettenknöpfen.
Auch Dienstleistungen:
Halt mal den Spiegel.
Glühbirnen auswechseln.
Etwas abholen.
Oder Gespräche, bis alles besprochen ist.
Zwei Sender, die manchmal gleichzeitig
auf Empfang gestellt sind.
Soll ich abschalten?
Erschöpfung lügt Harmonie.
Was sind wir uns schuldig? Das.
Ich mag das nicht: Deine Haare im Klo.
Aber nach elf Jahren noch Spaß an der Sache.
Ein Fleisch sein bei schwankenden Preisen.
Wir denken sparsam in Kleingeld.

Im Dunkeln glaubst du mir alles.
Aufribbeln und Neustricken.
Gedehnte Vorsicht.
Dankeschönsagen.
Nimm Dich zusammen.
Dein Rasen vor unserem Haus.
Jetzt bist Du wieder ironisch.
Lach doch darüber.
Hau doch ab, wenn Du kannst.
Unser Haß ist witterungsbeständig.
Doch manchmal, zerstreut, sind wir zärtlich.
Die Zeugnisse der Kinder
müssen unterschrieben werden.
Wir setzen uns von der Steuer ab.
Erst übermorgen ist Schluß.
Du. Ja Du. Rauch nicht so viel.

_ Günter Grass

Liebe

Nachträgliches Liebeslied

Ich beginne
zu enden
in deiner Umarmung.
Sei,
ich bitte dich, Liebe,
sei nicht
voreilig,
singe,
um in der Haut
zu bleiben,
schreie, um mir
nah zu sein:
Dieses Feuer
haben wir nicht
zu denken gewagt,
und diese Asche
wollten wir nie sein.

_ *Peter Härtling*

Vorsicht

Morgens und abends zu lesen.
Der, den ich liebe, hat mir gesagt,
daß er mich braucht.
Darum gebe ich auf mich acht,
sehe auf meinen Weg
und fürchte von jedem Regentropfen,
daß er mich erschlagen könnte.

_ *Bertolt Brecht*

Die liebe

Die liebe
ist eine wilde rose in uns
Sie schlägt ihre wurzeln
in den augen,
wenn sie dem blick des geliebten begegnet
Sie schlägt ihre wurzeln
in den wangen,
wenn sie den hauch des geliebten spürt
Sie schlägt ihre wurzeln
in der haut des armes,
wenn ihn die hand des geliebten berührt
Sie schlägt ihre wurzeln,
wächst wuchert
und eines abends
oder eines morgens
fühlen wir nur:
sie verlangt
raum in uns

Die liebe
ist eine wilde rose in uns,
unerforschbar vom verstand
und ihm nicht untertan
Aber der verstand
ist ein messer in uns

Der verstand
ist ein messer in uns,
zu schneiden der rose
durch hundert zweige
einen himmel

_ *Reiner Kunze*

Detlev Gause

Angst

Gott, höre mein Flehen,
achte auf mein Beten!
Vom Ende der Erde rufe ich zu dir;
denn mein Herz ist verzagt.
Führe mich auf den Felsen, der mir zu hoch ist!

Du bist meine Zuflucht,
ein fester Turm gegen die Feinde.
In deinem Zelt möchte ich Gast sein auf ewig,
mich bergen im Schutz deiner Flügel.

_ Psalm 61,2–5

MÄNNERGESCHICHTEN

Angst sitzt tief ...

Manfred (41) lebt schon lange in tiefer Zerrissenheit. Durch seine fundamentalistisch geprägte religiöse Erziehung hat er gelernt, daß Homosexualität widernatürlich sein soll. Darauf läge die Strafe Gottes. Manfred hat verschiedene Phasen durchlebt: sexuelle Zurückhaltung, dann erste Versuche, mit anderen Männern eine Beziehung aufzubauen, später wieder selbst auferlegte Enthaltsamkeit, danach erneut der Drang, seine Homosexualität auszuleben – und dabei dann ein schlechtes Gewissen. Manfred ist an diesem Zwiespalt krank geworden. Er kann seinen Beruf nicht mehr ausüben; er ist psychisch stark angeschlagen.

Eberhard ist 66 Jahre alt. Er könnte glücklicher Rentner sein, wenn da nicht seine Ängste wären. Eberhard fühlt sich oft allein. Es gibt Zeiten, da gelingt ihm viel, und er vergisst seine Sorgen. Dann kommen wieder Zeiten, da kommt er aus den dunklen Gedanken nicht heraus. Wer steht denn noch zu ihm? Was soll werden, wenn er sich nicht mehr versorgen kann?
Viele seiner Kräfte gehen in die Bewältigung seiner Sorgen und Nöte. Eberhard kann dann auch an sich gute Ereignisse und Erlebnisse nicht als solche annehmen. Er sieht in den Erfahrungen von heute schon wieder die potentiellen Probleme von morgen.

Angst lähmt ...

Uwe ist Anfang 40. Er ist voll berufstätig, obwohl er weiß, daß er krank ist und seine Leistungsfähigkeit stetig abnehmen wird. Wegen einer neuen Therapie, die er begonnen hat, empfindet Uwe zum ersten Mal Angst, ob er alles zukünftig noch schaffen wird. Noch geht er zur Arbeit. Aber sein Leben kennt kein Ausgehen, keinen Theater- oder Kino-Besuch mehr – nur noch die Arbeit und die Regeneration. Irgendwann muß er sich und den anderen eingestehen, daß es mit der Arbeit nicht mehr geht. Das ist ein gewaltiger Schritt und macht Uwe ungeheuer Angst: „Bin ich dann noch ein Mann? Gerade 40 Jahre alt und schon Rentner?"

Torben ist Anfang 30. Er hat einen deutlich jüngeren Freund gefunden. B. ist 18 und stammt aus einer türkischen Familie. Die beiden lieben sich sehr. Aber sie müssen ihre Beziehung verstecken. Wenn B.s Familie davon erfahren würde, wäre das die Katastrophe. „Zuhause gibt es kein Verständnis dafür, wenn ein Mann schwul ist", sagt B. Beide erleben ihre Zukunft als bedroht. Sie wissen nicht, ob sie es durchhalten werden, so zu leben, wie sie es jetzt tun. Was wird B.s Vater machen, wenn er von der Freundschaft seines Sohnes erfährt? Torben ist zerfressen von Kummer und Sorgen; B. ist gelassener und vertraut irgendwie dem Schicksal. Beide hoffen, daß das Leben irgendwann entspannter sein wird.

Angst bewegt ...

Jens ist mit 27 Jahren unheilbar krebskrank. Er leidet unter einer Situation, die er nicht verändern kann. Daß es die Familie gibt und die vielen guten Freunde, die ihm zugewandt sind, macht ihm zu schaffen. „Hätte ich mich doch mit allen zerstritten, dann müßten sie nicht traurig sein, weil ich sterben werde. Ich stürze sie alle mit meinem Kranksein in die Verzweiflung. Das tut mir am meisten weh!" Jens ringt darum, den Punkt zu finden, ab dem es vergeblich wäre, eigene Kräfte gegen seine Krankheit zu mobilisieren.

... und wird überwunden!

Werner muß mit Ende 50 sein Leben alleine weitergehen. Nach 28 Jahren Partnerschaft stirbt der geliebte Mensch. Auf diese Situation war Werner nicht vorbereitet. Ein intensives

Jahr der Trauerarbeit liegt hinter ihm, allmählich ist er in der Lage, den Blick wieder in die Zukunft zu richten, ohne in Angst und Panik auszubrechen.

Dimitri hat mit Mitte 50 eine bewegte Vergangenheit hinter sich. Durch widrige Umstände ist er als junger Mann schon Alkoholiker geworden und zur Finanzierung seiner Sucht auf den Strich gegangen. Zwölf Jahre ist er immer tiefer gefallen. Genauso lange hat es gedauert, bis er diese schwere Zeit mit entsprechender Hilfe aufgearbeitet und die Angst vor den Bildern der Vergangenheit überwunden hat.

Tagebuch

22.12.

Ich gehe zum Gesundheitsamt und frage dort. Wie gestern am Telefon: Ich werde getröstet. Mein Wissen wird bestätigt, meine Angst aber immer wieder heruntergespielt. Wie groß ist die Chance der Ansteckung? Sehr gering, aber nicht ausgeschlossen ...

24.12.

Wir fahren alle gemeinsam zur Christvesper in den Dom, wie fast jedes Jahr. Ich bete lange, bevor ich mich setze. Dieser Dom ist so alt! Wie alt sind die Geschichten, die diese Steine erzählen können? Die Kirche ist voll. Ich schaue mir die Menschen an. Neben mir sitzt ein älteres Ehepaar, ca. 60–65 Jahre, vielleicht älter. Sie schauen mich kritisch an. Meine Augen tränen, ich weine während des Gottesdienstes. Links neben mir sitzt ein behinderter Junge, ca. 20 Jahre alt. Er singt aufrichtig, ernst und kräftig, richtig überzeugt. Ich frage mich, was für ein Leben er hat. Kennt er nur seine persönlichen Gefühle, oder macht er sich Gedanken um eine eigene Familie? Was sind seine Probleme? Ich schaue mir all die Menschen an. Wenn die wüßten, was für eine Zeitbombe in mir tickt! Wieviele Menschen in der Kirche sind todkrank? ...

29.12.

Ich rufe bei der Zentrale für gesundheitliche Aufklärung an. Immer wieder die gleichen Antworten. Test erst in drei Monaten usw. Ich bin fertig.

31.12.

Ich fahre zu Freunden aufs Land. Katrin und Jens holen mich vom Bahnhof ab. Im Führerhaus ihres Transporters steht eine Kerze. Vigo ist noch im Krankenhaus. Als mich Jens bittet, die nächste Kerze an der alten Flamme anzuzünden, erlischt sie. Ich bin irritiert. Jens meint, daß es nichts mache. Ich bin dennoch irritiert.

1.1.

Ich mache allein einen Spaziergang über den matschigen Weg zur Koppel im Nieselregen. Ich weine. Warum sollte es mich erwischt haben? Wieso ich? Warum sollte mich solch ein Schicksal ereilen?

Ich mache mir Gedanken, wie ich alles meinen Eltern erklären soll. Mama wird schreien und Papa verzweifeln. Liebe Mama, lieber Papa, falls ihr diese Zeilen je lesen solltet, ich stehe gerade unter Tränen und kann es nicht verstehen. Genauso wie ihr. Ich kann es nicht erklären! Habe so viele Fragen! Ich habe euch mein Leben lang so geliebt. Ihr habt mir so viele Möglichkeiten gegeben. Das hat mich so weit gebracht, so viel habe ich geschafft. Das Geschehene kann ich nicht erklären ...

2.1.

Ich bin doch Christ. Gott, bewahre mich vor dem Bösen. Aber warum hast Du mir das angetan, mich nicht vor dem Bösen bewahrt? Weil ich in meinem Unterbewußtsein mich nicht an die 10 Gebote gehalten habe? Aber was ist das für eine Strafe? Der Tod, der sichere, auf Raten? Das hab ich doch nicht verdient.

30.3.

Rufe bei meinem Arzt an und erfahre das Ergebnis: NEGATIV. Zu 95% bin ich nun also doch gesund. Ich verstehe gar nichts mehr. Warum, wieso? Ich bin gesund? Warum habe ich mir all das angetan?

_Johannes (30), Hamburg

Widerstand

Ich glaube, daß Gott uns in jeder Notlage so viel Widerstandskraft geben will, wie wir brauchen. Aber er gibt sie nicht im voraus, damit wir uns nicht auf uns selbst, sondern allein auf ihn verlassen. In solchem Glauben müßte alle Angst vor der Zukunft überwunden sein. Ich glaube, daß auch unsere Fehler und Irrtümer nicht vergeblich sind, und daß es Gott nicht schwerer ist, mit ihnen fertig zu werden, als mit unseren vermeintlichen Guttaten. Ich glaube, daß Gott kein zeitloses Fatum ist, sondern er auf aufrichtige Gebete und verantwortliche Taten wartet und antwortet.

_ *Dietrich Bonhoeffer*

Angst

Angst gehört unvermeidlich zu unserem Leben. In immer neuen Abwandlungen begleitet sie uns von der Geburt bis zum Tode. Die Geschichte der Menschheit läßt immer neue Versuche erkennen, Angst zu bewältigen, zu vermindern, zu überwinden oder zu binden. Magie, Religion und Wissenschaft haben sich darum bemüht. (...) Es bleibt wohl eine unserer Illusionen, zu glauben, ein Leben ohne Angst leben zu können; sie gehört zu unserer Existenz und ist eine Spiegelung unserer Abhängigkeiten und des Wissens um unsere Sterblichkeit. Wir können nur versuchen, Gegenkräfte gegen sie zu entwickeln: Mut, Vertrauen, Erkenntnis, Macht, Hoffnung, Demut, Glaube und Liebe.

_ *Fritz Riemann*

GEBETE

... nichts ist gut

Mein Gott,
jeden Morgen wache ich auf, und es ist nichts gut.
Hitze steigt in mir auf,
wenn ich daran denke, wie ich den Tag bestehen soll.
Meine Gedanken drehen sich;
ich komme nicht aus dem Grübeln heraus.
Meine Brust schmerzt.

Die Ärzte sagen, ich sei nicht krank,
psychisch labil nur – das wird.

Aber wie lange geht das nun schon?

Am Tage überspiele ich alle Sorgen,
manchmal funktioniert das, manchmal nicht.
Ich habe Angst vor der Angst.
Wer hilft mir, alle Ängste zu überwinden?
Ich erwarte keine Wunder, Gott.

Aber Schritt für Schritt soll es gehen,
jeden Tag ein bißchen besser.
Ich hebe meine Augen auf zu den Bergen,
woher kommt mir Hilfe?
Amen.

... unfähig zu beten

wenn wir unfähig sind zu beten,
so ist es besser, als leere worte zu sagen,
amen.

Aus dem Rachen des Todes

Ich rief zu dem Herrn in meiner Angst,
und er antwortete mir.
Ich schrie aus dem Rachen des Todes,
und du hörtest meine Stimme.
Du warfst mich in die Tiefe, mitten ins Meer,
daß die Fluten mich umgaben.
Alle deine Wogen und Wellen gingen über mich,
daß ich dachte, ich wäre von deinen Augen verstoßen,
ich würde deinen heiligen Tempel nicht mehr sehen.
Wasser umgaben mich und gingen mir ans Leben,
die Tiefe umringte mich, Schilf bedeckte mein Haupt.
Ich sank hinunter zu der Berge Gründen,
der Erde Riegel schlossen sich hinter mir ewiglich.
Aber du hast mein Leben aus dem Verderben geführt, Herr,
mein Gott!
Als meine Seele in mir verzagte,
gedachte ich an den Herrn,
und mein Gebet kam zu dir in deinen heiligen Tempel.
Die sich halten an das Nichtige,
verlassen ihre Gnade.
Ich aber will mit Dank dir Opfer bringen.
Meine Gelübde will ich erfüllen dem Herrn,
der mir geholfen hat.

_Jona 2,3–10

Ich kann nicht mehr

Gott,
ich kann nicht mehr gerade stehen,
ich weiß nicht mehr, wo oben und unten ist.
Mir wird übel; ich fühle mich schlecht.
Ich stehe vor einer großen Entscheidung.
Ich spüre, wie meine Kräfte nicht reichen.
Ich kann nicht mehr die volle Leistung bringen.
Soll ich der Firma sagen, daß ich nicht mehr kann?
Soll ich es der Familie, den Freunden sagen?
Soll ich es mir eingestehen?
Wer bin ich dann noch?
Ein Mann ohne Arbeit – nicht mehr ganz!

Gott,
nimm mir meine Ängste.
Ich muß Schritte der Veränderung suchen,
damit ich nicht zugrunde gehe.
Hilf mir dabei.
Ich möchte doch noch so gerne leben.
Amen.

Veränderung

Gott,
ich habe dir einiges zugemutet mit mir;
ich habe mir manches zugemutet.
Das Leben hat mir viel zugemutet.
Mir zittern die Hände, mein ganzer Körper bebt.
Manchmal weiß ich nicht, wie die Welt funktioniert.
Mein Leben paßt da nicht hinein.
Wo soll es enden?
Ich trete auf der Stelle.
Alle Aktivität bringt mich nicht voran.
Ohne Hilfe anderer werde ich nicht gehen können.
Ich brauche Veränderung,
allein bin ich zu schwach, sie anzugehen.
Gib mir Kraft, Gott,
Menschen zu finden, die mir zur Seite stehen.
Ich muß hinter mir lassen,
was mich belastet.
Ein langer Weg liegt vor mir.
Ich brauche deine Hilfe,
Amen.

Fürchte dich nicht

Fürchte dich nicht, gefangen in deiner Angst, mit der du lebst. Mit ihr lebst du.
Fürchte dich nicht, getragen von seinem Wort, von dem du lebst. Von ihm lebst du.
Fürchte dich nicht, gesandt in den neuen Tag, für den du lebst. Für ihn lebst du.

_ *Nach einem Lied von Fritz Baltruweit*

wir wollen mit gott rechnen

bei aller aufregung
durch die wir vieles nicht wahrnehmen
wir wollen mit gott rechnen
um uns zu konzentrieren auf wichtige themen

bei aller angst
nicht für voll genommen zu werden
wir wollen mit gott rechnen
um gemeinsames zu finden und gemeinschaft zu bilden

bei aller unfreiheit
und unzufriedenheit
wir wollen mit gott rechnen
um unseren platz auszufüllen bewußt und selbständig

bei allem gefühl
von lieblosigkeit und haß
wir wollen mit gott rechnen
um uns ehrlich zu zeigen wenn wir uns gern haben

bei allem streit
und aller unbeweglichkeit
wir wollen mit gott rechnen
um unser verhalten zu prüfen und gegebenenfalls zu verändern
Amen

Jesus spricht:

In der Welt habt ihr Angst; aber seid getrost, ich habe die Welt überwunden.

_Johannes 16,33

Ruhe

Mein Gott,
warum mußte alles soweit kommen?
Ich bin zu jung zum Sterben.
Alles täte ich dafür, blieben mir noch
Monate und Jahre.

Ich liege in meinem Bett und schwitze,
nicht weil mein Körper schwitzt,
nein, meine Seele kommt nicht zur Ruhe.
Ich will kämpfen,
und doch spüre ich so viel Schwachheit.

Es ist paradox:
ich weiß, wie wenig Zeit mir noch bleibt.
Ich wüßte auch, was ich gern noch alles täte
in dieser Welt.
Aber dann bin ich wie gelähmt.
Ich kann nicht.
Ich warte – worauf?
Große Leere übermannt mich.

Gott, gib mir die Kraft
für mein Leben zu kämpfen – wo es Sinn macht.
Und hilf mir zu erkennen, wo ich mich zu fügen habe,
daß ich sterben muß.

Laß mich zur Ruhe kommen.
Amen.

GEDANKEN UND TEXTE

unerfüllt

auf die oberfläche verbannt
gelang uns kein tauchen in höhere tiefen

sie ist wie ein enges netz
an dessen seiten wir saßen
es strafften und undurchlässig machten

wir kamen zu keiner begegnung

Angst

gott helfe uns

gott helfe uns
sagt der mächtige wenn er seine ohnmacht spürt:

die waffen die er produzieren läßt
richten sich gegen ihn

die ordnung die ihn trägt wankt

die ruhe von ihm erzwungen
enthüllt sich als trügerisch

gott helfe uns
so einfach soll es gehen:

plötzlich wird einer gefragt
der vorher nicht interessierte

doch läßt er sich nicht benutzen

wer mit ihm rechnet
muß umdenken

gott helfe uns
dieser satz hat bedeutung:

gott ist in uns
und wir sind in ihm

der mensch ist gottes ebenbild

der gott aller ist nie
(nur) gott des mächtigen

gott helfe uns

> *Zweifle nicht an dem, der dir sagt, er hat Angst, aber hab Angst vor dem, der dir sagt, er kenne keinen Zweifel.*
>
> _ Erich Fried

jona

wenn mir eine aufgabe zu groß erscheint
mache ich mich ganz klein und flüchte

aber manche aufgabe nimmt man mit
egal wohin man zieht
das leben gerät in eine sackgasse

also stelle ich mich meiner berufung
und was ich nicht für möglich hielt gelingt
nur daß ich selbst zu unbedeutend bleibe
in den augen der anderen stört mich

daß über uns einer wacht
der von liebe erfüllt und bewegt ist
fällt mir schwer anzunehmen

es muß durch meine erfahrung gehen
damit ich glauben kann

> *Zwanghafter Konsum ist eine Kompensation für Angst. Das Bedürfnis nach dieser Art von Konsum entspringt dem Gefühl der inneren Leere, der Hoffnungslosigkeit, der Verwirrung und dem Streß.*
>
> _ Erich Fromm

Ungeduld ist Angst.

_ Stefan Zweig

angst

angst
daß sie mich vereinnahmen könnten
läßt mich oft abstand halten zu den menschen

angst
daß ich zu viel von ihnen verlangen könnte
läßt mich manches nicht tun was ich gern täte

angst
daß ich sie abstoßen könnte
läßt mich manchmal unehrlich sein zu den freunden

angst
daß sie meine fehler nicht entschuldigen könnten
läßt mich immer wieder anders handeln als ich gern möchte

angst
läßt mich schwächen verstecken und stärken

schwächen stärken – zum verwechseln ähnlich

Der Sieg über die Angst, das ist auch ein Glücksgefühl, in dem ich mir nahe bin.

_ Reinhold Messner

zwei monate

gebraucht werden
sinn sehen
neue nähe erfahren
sich gegenseitig stärken
zärtlichkeit – auch ängste
hoffnung:
der anlauf

                    angst vor abhängigkeit
                    sich zurücknehmen
                    keine überforderung wollen
                    offen sein
                    ängste – noch zärtlichkeit
                    unsicherheit:
                    die entwicklung

gegensatz erkennen
unterschiedlich bewertet haben
zu keiner dynamik fähig
sich entfernen
angst vor einseitigkeit
stillstand:
der bruch

                    was ist verbindlichkeit
                    sich abfinden können
                    habe ich geträumt
                    keine schwäche zeigen
                    ist die sonne untergegangen
                    ein mann sein
                    wie

von worten kann ich nicht leben

lebens-zeichen

süchtig nach den lebens-zeichen der anderen
sauge ich sie in mich hinein
weil sie eigentlich meine lebens-zeichen sind
sie sagen mir
die anderen morsen für mich

was, wenn sie nur für sich morsen
wie ich manchmal

> *Wer will uns scheiden von der Liebe Christi? Trübsal oder Angst oder Verfolgung oder Hunger oder Blöße oder Gefahr oder Schwert?*
>
> _ *Römer 8,35*

nachfolge

folge mir nach!
entscheidung gegen die erwartungen einer geordneten welt
leben mit/für unterprivilegierte/n
tod durch folter
folge mir nach!

> *Angst ist für die Seele ebenso gesund wie ein Bad für den Körper.*
>
> _ *Maxim Gorki*

Bruder Paulus Terwitte

Freude

Singt dem Herrn ein neues Lied,
singt dem Herrn, alle Länder der Erde!
Singt dem Herrn und preist seinen Namen,
verkündet sein Heil von Tag zu Tag!
Erzählt bei den Völkern von seiner Herrlichkeit,
bei allen Nationen von seinen Wundern!

Der Himmel freue sich, die Erde frohlocke,
es brause das Meer und alles, was es erfüllt.
Es jauchze die Flur und was auf ihr wächst.
Jubeln sollen alle Bäume des Waldes
vor dem Herrn, wenn er kommt,
wenn er kommt, um die Erde zu richten.
Er richtet den Erdkreis gerecht
und die Nationen nach seiner Treue.

_ *Psalm 96,1–3.11–13*

MÄNNERGESCHICHTEN

Freude – ein Geschenk des Lebens

Die Freude vergeht immer viel zu schnell. Kaum habe ich mich gefreut, ist der Spaß schon vorbei. Die Momente, in denen ich mich des Lebens freue, sind zwar wie kleine Oasen. Nur finde ich leider zu wenige auf der Wüstenwanderung des Alltags. Käme es in meinem Leben nur auf die Zeiten der Freude an, ich hätte nicht viel zu lachen.

Schon am Ende der Schulzeit wußte ich: Mein Leben soll nie eines werden, das sich auf ein späteres Glück gründet. Zwei Schulkameraden waren tödlich verunglückt, einer mußte aus psychischen Gründen das Abitur abbrechen. Welchen Sinn sollte ihr Lernen gehabt haben, wenn sie nur gelernt hatten, um Abitur zu machen? Deshalb sagte ich schon damals bei der Abiturrede: Ich will leben und lernen für heute. Heute ist der Tag, an dem ich glücklich werden kann.

Später hörte ich, daß im Studium zwei Mitschüler sich das Leben genommen hatten. Ich war öfter an den Gräbern der Schulfreunde. Immer wieder hole ich mir auch dort den Auftrag ab: Leben heute. Heute ist der Tag, an dem die Fülle zu finden ist. Und alle Probleme sind Herausforderungen, denen du dich in Freude stellen kannst.

Die Flucht in eine Glückswelt fern von meinem Alltag ist mir verstellt. Leben ist kein All-inclusive-Urlaub, bei dem es mir zwar gut, denen um mich herum es aber schlecht gehen darf. Ich verweigere mich dem ausgesprochenen oder unausgesprochenen Spaß-Gebot der Gesellschaft. Die Langzeitarbeitslosen leiden darunter, die täglich eine bewerbungstaugliche gute Miene aufzusetzen haben. Ich mißtraue den strahlenden Muskelpaketen aus der Werbung, die mir etwas vom Spaß in der Einsamkeit am Expander der Mucki-Bude erzählen wollen. Die halbgaren oder gar schlüpfrigen Radiowitzchen langweilen mich. Das Lachen über diese oder jene Schwäche eines Kollegen oder, unter Männern noch grausiger, einer Kollegin bleibt mir im Hals stecken – oder hinterläßt, wenn ich meinen Prinzipien nicht gefolgt bin, wenigstens einen faden Nachgeschmack. Nein, Freude ist mehr als das kurzzeitige Aufglucksen über dieses oder jenes. Sie ist kein Naturgefühl, und sie lebt schon gar nicht auf Kosten anderer. Gäbe es das Wort, würde ich es ohne Vorwarnung so sagen: Freude ist Nächstenfreude. Oder anders gesagt: Meine Freude kann ich nicht machen. Ich kann sie nicht wollen. Sie taucht einfach auf. Und zwar da, wo ich sie nicht für mich anstrebe. Sondern für andere.

Die Freude fließt im Grundwasser meines Lebensstromes mit. Sie ist meinem Leben eingestiftet. Ich finde sie vor. Sie ist nichts mir Fremdes, was ich erringen oder erzwingen muß. Sie ist zusammen mit mir zur Welt gekommen, als Gott mich schuf. Ich habe mich immer schon freuen können an meinen Mitmenschen. Ich habe mich gern auf sie zu bewegt. Mit fünfzehn habe ich mich für einen freiwilligen Sonntagsdienst im Krankenhaus gemeldet. Alle vierzehn Tage war es meine Freude, bei den Kranken zu sein – und Anerkennung zu bekommen dadurch, daß sie Freude an meinem Dienst hatten.

Als einer, der in der Kirche aufgewachsen ist, war mir Gottesdienst und kirchliche Gruppenarbeit früh vertraut. Einen strengen Gott kenne ich nur vom Erzählen älterer Menschen. Für mich ist bis heute klar: Vor Gottes Angesicht, so sagt der Psalm 16, ist „Sättigung in Freuden". Gott und Freude gehören zusammen wie Gott und Mensch und Mensch und Freude. Wie bedroht diese Einheit ist, lese ich mit Schaudern in der Bibel. Sie erzählt von dem erfolgreichen Emporkömmling David, der zum gescheiterten Größenwahnsinnigen wird. Er konnte musizieren – und kämpfen, singen – und hetzen. Er hatte alle Freude an Gott. Trotzdem war er nicht zufrieden mit dem Hier und Heute. Er versucht, an der Glücksschraube zu drehen. Mit List und Tücke läßt er den Mann einer Frau, auf die er Lust hat, an vorderste Kriegsfront stellen, wo der prompt umkommt. Die Bekehrungspredigt eines Propheten bringt ihn zur Besinnung. In seinem großen Entschuldigungs-Psalm kehrt er zum Ja der Einheit von Gott und Mensch, Freude und Gott, Mensch und Freude zurück: „Behüte mich Gott, denn an dir berge ich mich!" Im Gebet kommt er auf das Grunddatum seiner Existenz zurück: Von Mutter Erde genommen und vom Vater Schöpfer mit Odem versorgt.

Die Bibel ist mit der Erzählung von der Schaffung des Menschen näher an der Wirklichkeit des Menschen, als dieser sich anzuerkennen traut. Sie spricht von einem Klumpen Erd-Humus, woraus Gott den Menschen formte. Im lateinischen Wort humilitas finde ich diesen Erdklumpen wieder. Und humilitas heißt zu deutsch Demut. Die erste Seite der Bibel weiß, was ein aufrechter Mensch ist: Einer, der weiß, daß er von der Erde genommen ist. Demut ist der Mut, den Auftrag anzunehmen, für den das Bildwort von der Erde steht: Erdzugewandtheit, Gestaltungskraft, Tragfähigkeit, Nahrungsspendung, Mühe, Leid und Tod. Das sind wir Menschen. Die englische Sprache weiß dies noch: human being – Erdseiender heißt in wörtlicher Übersetzung das Wort für Mensch. Richtig regen kann sich dieses von Gott geformte Wesen aber erst, nachdem es inspiriert – spiritus (lat.): Geist – wurde von Gottes Odem, seinem Heiligen Geist: „Und Gott der Herr blies Odem in seine Nase." Nach meiner Überzeugung tat Gott dies mit Freude. Mit freudiger Entschlossenheit hat Gott den Menschen geschaffen: „Laßt uns Menschen machen nach unserem Bild und Gleichnis!"
Diese Freude Gottes ist das Grundmotiv meines Handelns. Aus Freude am Geschaffensein und am Mitschaffendürfen lebe ich, baue ich auf, hüte ich, ackere ich. Meine Offenheit behalte ich mir, indem ich mir täglich sage: Mit Gottes Geist. Amen. Und das heißt: Ich bin offen, gespannt und bereit für das Neue, empfinde Ideen nicht als Störung und bin mir bewußt, daß ich mich nicht überheben muß. Ganz streßfrei glaube ich: Ich bin ein Erhobener. „Ich spreche zu IHM: ‚Mein Herr bist du, mein Gut, nichts über dich!' zu den Heiligen, die im Lande sind: ‚... mein Herrlicher, an dem all meine Lust ist.'"

Ich habe lange gebraucht, bis ich das konnte, „all meine Lust" in Gott zu finden. Die Stärke der Lust an Gott braucht als Kraftquelle eine starke Entscheidung. Entweder gehe ich mit bei allem, was mal eben schnell mit Freude lockt. Oder ich setze entschieden auf ein Leben, das mehr an einer Grundfreude interessiert ist, die langfristig wirkt. Was alles an Geld und Freizeit geopfert wird: Kommt da echte Freude bei denen auf, die bis hin zum Streß von Highlight zu Highlight taumeln? Der Psalmenbeter legt den Zugang zu einer tieferen Freude frei mit dem Ausruf: „Nie gieße ich mit ihre Opfergüsse ..., nie trage ich ihre Namenrufe auf meinen Lippen."

Eine Freude, die aus der Treue zu einer existenziellen Entscheidung geschöpft wird, hält länger als eine, die mal mit „Hü" und mal mit „Hott" zusammengesucht wird. Wer es schafft, zum Beispiel etwas durchzustehen, zu verzichten, Versöhnung zu leben oder Nachteile in Kauf zu nehmen um seiner Prinzipien willen, kann mit der Erfahrung einer tiefen und langanhaltenden Freude rechnen. Sie wird freilich leichter gefunden, wenn man in Demut „all meine Lust" in Gott zu suchen bereit ist.

Meine Erfahrung im Gespräch mit Menschen macht mir deutlich, daß es an dieser Demut genau mangelt. Aus falsch verstandener Aufklärung oder nicht überwundenem Trotz gegen schlechte Eltern oder Erzieher verkrampfen sich manche Zeitgenossen zu der Einstellung, Gott sei Konkurrent der Freiheit und der Freude. Wer an ihn glaubt, würde seine Selbständigkeit verlieren und vor allem seine Lebensfreude. Selbst solchen, die keine normale kirchliche Erziehung erfahren haben, schwant bei dem Gedanken an Gott nichts Gutes. Und schon gar nichts Frohes. Gottes Gebote schmecken ihnen nach Gängelung. Sie halten sie für eines freien Menschen nicht würdig. Und eines freien Mannes schon mal gar nicht.

Statt Gott groß sein zu lassen und ihm in Freude alles zurückzuerstatten, was man an Gaben und Aufgaben hat, möchte man selber groß sein. Statt in Verantwortung vor Gott dem eigenen Leben Richtung und Ziel zu geben, wird mal hier, mal da ausprobiert – unter zunehmender Verausga-

Kraft-Räume

bung der Kräfte. Bleibende Freude wächst aus dem starken Stehen vor Gott und einer engagierten Bereitschaft, seinen Willen zu tun. Nicht zu warten, bis etwas Freudemachendes in den Blick kommt, sondern das Hier und Jetzt mit all seinen Grenzen und mit den Grenzen von Recht und Gesetz als Gestaltungsaufgabe zu sehen. Der Psalm 16 redet von dem, was man kostenlos zu eigen erhalten hat, aber in Grenzen! Und von der frohen Gelassenheit, daß Gott es kostenlos erhalten wird: „DU – Meine Anteil- und Becher-Gebühr! Du bist's, der mein Los umfängt. Schnurmaße fielen mir zu. In der Mildigkeit, wohl, anmutig ist mir das Eigen."

Wirkliche Freude braucht das „Schnurmaß". Die Grenzen meines Lebens sind der Ort, an dem meine Möglichkeiten zur Freude ihre Fassung bekommen und damit auch ihre Kraft. In meinem Ordensleben habe ich nicht alles. In der Ehe gibt es nicht alles. Der Single kann sich nicht alles erlauben. Die Freude kommt nicht mit dem sehnsüchtigen Greifen nach „allem". Es führt nur dazu, daß „meine Seele dem Gruftreich" nahe kommt. Plötzlich betrachte ich alles nur nach dem, was ich nicht haben kann oder noch nicht habe. Deswegen habe ich mir angewöhnt, jeden Tag Gott dafür zu danken, was ich bin und habe. Ich sehe jeden Tag als Herausforderung und Chance, mich zu bewähren. Es macht mir Freude, alles einzusetzen. Es gibt für mich kein größeres Glück, als mir täglich abends zu sagen: Du hast mit Freude alles gegeben, was du geben konntest. Danke für alles, was ich empfangen habe.

GEBETE

Sühngedicht Dawids

Behüte mich Gott,
denn an dir berge ich mich! –

Ich spreche zu IHM:
„Mein Herr bist du,
mein Gut,
nichts über dich!"
zu den Heiligen, die im Lande sind:
„... mein Herrlicher,
an dem all meine Lust ist."

Mehren mögen sich die Trübnisse ihnen,
die einen Anderen freiten,
nie gieße ich mit
ihre Opfergüsse – von Blut! –,
nie trage ich ihre Namenrufe
auf meinen Lippen. –

DU
Meine Anteil- und Becher-Gebühr!
Du bist's, der mein Los umfängt.
Schnurmaße fielen mir zu.
In der Mildigkeit,
wohl, anmutig ist mir das Eigen. –

Freude

Ich segne IHN,
der mich beraten hat,
wohl, nachts mahnen mich meine Nieren.
Ich hege IHN mir stets gegenüber.
Wenn er mir zu Rechten ist,
nie kann ich wanken.

Darum freu sich mein Herz,
jauchzt meine Ehre,
ja, mein Fleisch wird sicher wohnen.
Denn du überlässest nicht
meine Seele dem Gruftreich,
du gibst nicht zu,
daß dein Holder die Schluft besehe.

Du lehrest mich kennen
den Pfad des Lebens,
Sättigung mit Freuden
ist vor deinem Antlitz,
Mildheit in deiner Rechten
immerdar.

_ Psalm 16
(in der Übersetzung von Martin Buber)

Lesen Sie sich die Buber-Übersetzung des Psalmes mehrfach laut vor. Geben Sie ihr Ihre Stimme – und Sie werden die Freude erfahren, auf diesem abenteuerlichen Sprachweg etwas von der Kraft der Bibel und der Kreativität dieser beiden Männer mitzubekommen.

Entschluss

Dir
am
anderen
Ende
meines
Lebens

                werfe
                ich
                meine
                Freude
                heute
                in
                die Arme

und
hangle
mich
daran
entlang
über
alle
Maßen

Vernetzt mit wahrer Freude

„Ich klick mich auf die göttlichen Seiten ein. Regelmäßiges Gebet, Glaube an seine Gegenwart, Stärke im Einsatz für die Schwächsten – das befriedigt wirklich. Und vernetzt mich mit wahrer Freude, mit göttlicher Energie – einer Lebensquelle, die jeder gerne enttarnen darf."

> ### *Freude*
>
> *Heiliger Vater, bewahre sie in deinem Namen, den du mir gegeben hast, damit sie eins sind wie wir (...) Doch dies rede ich noch in der Welt, damit sie meine Freude in Fülle in sich haben.*
>
> _ Johannes 17,11b.13b

Freude erringen

ich bin allein
in meiner Welt

Warum zauberst du Lachen
nur auf die Gesichter der anderen

Warum gibst Freude du
nur in die Herzen der anderen

vielleicht

um mich
fragend zu machen

schreiend
verzweifelt

und mir ein strahlen
zu zaubern

einmalig
für deine welt

Ich bin gefallen

Ich bin gefallen.
Man braucht mich nicht mehr.
Freigestellt wurde ich, so hieß es vornehm.
In Wirklichkeit bin ich arbeitslos.
Ich trau mich nicht auf die Straße.
Ich schäme mich vor meiner Familie.
Ich kann nachts nicht schlafen.
Ich schicke 150 Bewerbungen.
Ich erhalte keine Antworten.

Meine einzige Freude:
Ich weiß um dich, mein Gott.
Ich schlage mit den Fäusten nach dir vor Verzweiflung.
Ich schreie dich an.
Ich weine.
Ich ...
Warum?

Meine einzige Freude:
Ich kenne dich, mein Gott!
Wenigstens *eine* Adresse,
die mich nicht
mit Ratschlägen
erschlägt,

sondern
anruft
im
Schweigen
du
steh
auf

Tanze mich, heiliger Geist

Gott
Heiliger Geist
Soll ich
die Arme ausbreiten
die Hände hochstrecken
oder sinken lassen?

Warum
reißt du mir nicht
den Kopf zurück
in Begeisterung?

Ich
müßte meinen
Beinen und Füßen
das Tanzen
befehlen.

Bewege mich
Löse meine Arme
Löse meine Füße
Befreie mein Herz
Tanze mich
Heiliger Geist
Gott

GEDANKEN UND TEXTE

Vollkommene Freude

Eines Tages rief der Franziskus seinen Freund, Bruder Leo, und sagte: „Bruder Leo, schreibe, was die vollkommene Freude ist.
Stell dir vor: Es kommt ein Bote und sagt, daß Professoren der Theologie in unseren Orden eintreten. Schreibe: Das ist nicht die wahre Freude.
Stell dir vor: Alle Mitarbeiter der Kirche, alle Erzbischöfe und Bischöfe, die Könige und Präsidenten, alle wollten in unseren Orden eintreten. Schreibe: Das ist nicht die wahre Freude.
Stell dir vor: Meine Brüder wären so erfolgreich in ihrer Mission, daß sich alle Menschen zum Glauben bekehren. Schreibe: Das ist nicht die wahre Freude!
Stell dir vor: Ich hätte von Gott eine solch große Gabe, daß ich Kranke heilen und Wunder wirken könnte. Ich sage dir, daß in all dem nicht die wahre Freude ist."
Da hielt Bruder Leo inne mit dem Schreiben und fragte Franziskus: „Was aber, Vater, ist dann die wahre Freude?"
Franziskus antwortete ihm:
„Stell dir vor: Ich kehre von Perugia zurück. Es ist tiefe Nacht und tiefster Winter. An meinem Habit gefriert das Wasser zu Eis. Es schlägt gegen die Schienbeine, so daß sie ganz blutig werden. Schmutzig und völlig entkräftet komme ich zur Pforte des Klosters unserer Brüder. Lange öffnet keiner. Dann, nachdem ich lange geklopft und gerufen habe, kommt der Pförtner und fragt mürrisch: ‚Wer ist da?'
Stell dir vor: Ich antworte: ‚Bruder Franziskus.' Und er sagt: ‚Geh fort! Das glaub ich dir nicht. Wer geht schon um diese Zeit vor die Tür? Du kommst nicht herein.'
Stell dir vor: Ich lasse mich nicht abwimmeln. Ich dränge auf Einlaß. Doch der gute Bruder antwortet: ‚Hau ab! Weißt du, was du bist: Ein einfältiger und ungebildeter Mensch. Du kommst auf keinen Fall zu uns. Wir haben schon genug von deiner Sorte.'

Stell dir vor: Ich bleibe trotzdem stehen. Ich flehe ihn an: ‚Um der Liebe Gottes willen, nehmt mich auf in dieser Nacht.' Und der Mitbruder antwortet: ‚Wir werden das auf keinen Fall tun. Geh zur Niederlassung der Mönche vom Heiligen Kreuz. Versuch da dein Glück.'
Stell dir vor, mein Bruder: Wenn ich bei all dem Geduld bewahre, mich nicht errege: Darin ist die vollkommene Freude, die wahre Tugend, ja, darin findet die Seele ihre vollkommene Heilung."

_ Aus der franziskanischen Überlieferung

Der hat

Der
hat

Familie
Arbeit
Wohnung
Gesundheit
Freunde

gut
lachen

> Und Freude gibt es überall – in der grünen Grasdecke der Erde; in der blauen Heiterkeit des Himmels; in der übermütigen Üppigkeit des Frühlings; in der strengen Enthaltsamkeit des Winters.
>
> _ Rabindranâth Tagore (eigentlich Rabindranâth Thâkur)

Freudentränen

schluchzen
vor
glück

zucken
im
bauch

ringen
der
hände

salz
der
freude

Herausforderungen

In der Freude zu bleiben ist ein starkes Vermögen. Es geht dabei nicht um den Spaß oder einen leichten Scherz. Die Freude folgt einer grundlegenden Entscheidung: Ich will im Leben nicht Probleme bewältigen, sondern Herausforderungen bestehen. Meine Ziele sind nicht zuerst materieller Natur. Ich setze mir zum Ziel, meinen Werten treu zu bleiben. Meine Gefühle werden erst in diesem Rahmen zu einer Kraft, die mich aufbaut. Akzeptiere ich diese Grenzen nicht, verausgabe ich mich. Ich falle aus der Freude gelingender und wertschätzender Lebensgestaltung heraus – und verliere mich.

schmetterlinge

meine
schmetterlinge
im
bauch

flattern
wild

bis
ein
flügel

wird

ich
will

tränen

schmeck
deine
tränen

freu
dich
leben

Martin

Warum Martin noch lachen kann, weiß keiner so genau. Aufgrund dessen, was andere eine geistige Behinderung nennen, hat er in einer beschützenden Werkstatt seine Arbeit gefunden. Der Bus holt ihn morgens ab, am Abend bringt er ihn wieder heim. Das wird sich bald ändern. Seine Eltern sind nicht mehr die jüngsten. Und mit 27 sollte man auf eigenen Beinen stehen können.

Martin hat sich ein Wohnheim ausgesucht. Er kennt dort einige Freunde. Schon früh hat er gelernt, in Gruppen zu leben. Er konnte nie allein sein. Deshalb ist er daran gewöhnt, sich auf andere einzustellen. Mit wachen Augen registriert er seine Umwelt. Er findet kaum Worte. Seine unkontrolliert erscheinenden Bewegungen sind jedoch lesbar. Die Gruppenbetreuer werden bald damit vertraut sein. Martins Vertrauen hilft ihnen dabei. Vielleicht kann er deshalb noch lachen.

Das Geheimnis der natürlichen Freuden, seien sie noch so bescheiden, erhebt sich über den Verstand.

_ *Luc de Clapiers Vauvenargues*

Männer

Schon rein wirtschaftlich dürfen Männer, die aus Freude handeln, nicht aussterben. Was immer es an Geschichten von Veruntreuung und Vorteilnahme im Amt gibt – diese freudlosen Gestalten beschmutzen das Männerbild, dem ich folge. Ich schäme mich meiner Geschlechtsgenossen, die mit geschlossenem Visier, bar jeder Gefühlsregung, kämpfen. Wie traurig sind jene Vertreter unserer Geschlechtsgenossenschaft, die um ihrer eigenen Karriere willen Härte walten lassen, wo ein Aushalten der schwachen Geschäftslage vielen den Arbeitsplatz erhalten würde. Unsere Jungen brauchen frohe Vorbilder, die mit Freude die Verantwortung für ihre Lebensgestaltung übernehmen: Begeistert und voller Tugend, fleißig und aufrichtig, tatkräftig und kreativ, gerecht und versöhnungsbereit, zärtlich und abgrenzungsbereit. Mit solchen Männern läßt sich handeln – auch rein wirtschaftlich.

*Im Kinde tanzt noch die Freude,
im Manne lächelt oder weinet sie höchstens.*

_ Jean Paul

selbständig

selbständig
hänge
ich
am
du

Karsamstag im Freudenhaus

Es gibt Versuchungen, denen zu widerstehen ein größeres Wunder ist als übers Wasser zu gehen oder tausend Blinde zu heilen.

> Zuckendes Rot der Lampen
> Herzen malen sich in die Luft
> Sie raunen L
>
> und schlagen dich
> L
>
> Räkelnde Leiber am Abend
> sie locken mit hohlem Hallo
> und raunen L
>
> und streicheln dich
> L

Gleißendes Licht der Versuchung
> die Stufen ins Dunkel sind eng
> sie knatschen L
>
> und treten dich
> L
>
> Offener Raum
> Ton in Ton
> L
>
> und durchkreuzen
> L
>
> 300
> nacht
>
> tot
> L

Eckhard Käßmann

Wut

Sprecht ihr wirklich Recht, ihr Mächtigen?
Richtet ihr die Menschen gerecht?
Nein, ihr schaltet im Land nach Willkür,
euer Herz ist voll von Bosheit;
eure Hände bahnen dem Unrecht den Weg.

Vom Mutterschoß an sind die Frevler treulos,
von Geburt an irren sie vom Weg ab und lügen.
Ihr Gift ist wie das Gift der Schlange,
wie das Gift der tauben Natter, die ihr Ohr verschließt,
die nicht auf die Stimme des Beschwörers hört,
der sich auf Zaubersprüche versteht.

O Gott, zerbrich ihnen die Zähne im Mund!
Zerschlage, Herr, das Gebiß der Löwen!
Sie sollen vergehen wie verrinnendes Wasser,
wie Gras, das verwelkt auf dem Weg,
wie die Schnecke, die sich auflöst in Schleim;
wie eine Fehlgeburt sollen sie die Sonne nicht schauen.

_ Psalm 58,2–9

MÄNNERGESCHICHTEN

Am Leben vorbei?

„Paul, hast du Zeit? Ich muß dir von Karin erzählen", so begann Robert. Robert ruft zum ungünstigen Zeitpunkt an. Ich habe zu arbeiten. Ein Verlag erbittet einen Beitrag. Ich bin ein wenig säumig.
„Robert, ich kann jetzt nicht, habe zu arbeiten. Ruf später noch mal an."
„Paul, es ist wichtig, Karin ist wieder da! Ist das nicht heftig? Haut ab und jetzt steht sie wieder vor der Tür."
„Robert, ich ahne, was in dir vorgeht. Aber paß auf, daß du die richtigen Worte wählst, und vor allen Dingen, bleib bloß ruhig! Ansonsten, Robert, ich muß jetzt arbeiten."
„Paul, du kannst jetzt nicht arbeiten, ich brauche deinen Rat, sofort!"
„Robert, versteh mich doch, ruf später wieder an."
„Paul, du machst mich wütend, merkst du nicht, daß das jetzt wichtiger ist als deine blöden Papierberge?"
Ich schweige.

„Paul, was ich dich immer schon mal fragen wollte (ich spürte Roberts Zorn am anderen Ende), warst du in deinem Leben je wütend?"
„Ich? Na ja, so richtig? – Ich kann mich nicht erinnern."
„Ich aber!" rief Robert. Er war wohl ungehalten, weil ich so „kurz ab" war. Was wollte er jetzt von mir? Stand da nicht Karin vor der Tür? Mußte er sich nicht um die kümmern? Wollte er alte Kamellen auffrischen? Dazu hatte ich keine Lust.
„Erinnerst du dich an 1974", fuhr Robert in so einem Oberlehrerton fort, „du Rekrut bei der Bundeswehr, Nachtmarsch, kalt, sehr kalt, du stehst vor der Entscheidung, um das Wasserloch herumzugehen oder hindurch, wie der Uffz das will.
Drumherum heißt: einen Befehl verweigern, hindurch heißt: gehorchen und Wasser in den Stiefeln, Wasser, das hochzieht

Wut

in die Hosenbeine. Du hast aber noch 30 km vor dir. Nacht, Kälte, Schnee. Es brodelt in dir, doch du hältst deine Wut auf den Uffz unter Verschluß, gehst, gehorchst, mitten hindurch durch das Wasserloch. Erledigt die Sache, innerlich schon aufbegehrt, aber gedämpft. Nie hättest du offen gekämpft, die Faust geballt, Widerworte gebrüllt, deine Wut gezeigt. Du Flasche!"
„Robert, laß gut sein!"
„Nein, Paul, du lebst nicht. Du versteckst dich. Du bist ein Niemand. Du kotzt mich an mit deiner Besonnenheit. Du mit deiner Hochglanzpoliturhaltung, deiner Geordnetheit, deiner Ausgewogenheit. Was hast du ausgerufen, das Jahr der Gelassenheit? Du lebst nicht, ja! Aber weißt du was, Paul, du mußt dich mal entscheiden – und das fällt dir schwer, deshalb lebst du wie du lebst. Still, bescheiden, freundlich. Kannst keiner Fliege was zuleide tun. Ja, zugegeben, die Leute wollen dein Ohr, aber ich sage dir, erzähle denen nichts vom Leben. Du KENNST ES NICHT! Du kennst nur den sauberen Teil. Was weißt du von Streit, Haß, Wut! Hast du für etwas gekämpft? Hast du mal etwas verloren? Nein!
Keine Vision, weil du keine hast, keinen Freund, weil du keinen hast! Auch ich bin nicht dein Freund. Du hältst mich doch gut auf Abstand. Nichts kommt dir nahe, kein Freund und kein Gefühl! Du lebst nicht, du liebst nicht, du bist HÜLLE. Ja, eine anständige Hülle, aber ohne Inhalt. Was hast du wirklich zu sagen? Kannst du in die Tiefe gehen, wo du doch alles auf Distanz hältst? Warum redet ihr nicht mehr miteinander, du und Regina? Du lebst nicht mit dem Herzen. Und komm mir nicht mit deinem Gott! Wenn dein Gott so ist wie du, dann kann er mir gestohlen bleiben."

Ich hörte nur noch den Knall des Hörers auf die Gabel seines altmodischen Telefons.
Für einen Moment war ich wie vor den Kopf geschlagen.
Sollte er recht haben?
Dann wandte ich mich meiner Arbeit zu ...

Wüterich Vujovic
Der serbische Coach wurde erneut ausfällig

Ljubljana. Veselin V. fuchtelte mit den Armen und schrie wie am Spieß. Das ist an sich nicht der Rede wert, waren die Kasernenhoftiraden des Handballtrainers von Serbien und Montenegro doch schon vor dem EM-Spiel gegen Slowenien aktenkundig. Doch die slowakischen Schiedsrichter hatten nach 35 Minuten genug gehört und belegten den bereits verwarnten Vujovic mit einer Geldstrafe.
Das war zu viel für den aus Montenegro stammenden Coach. Erst beorderte er seine Spieler eigenmächtig vom Feld. Dann mußte Co-Trainer Veselin Vukovic, den von seinem Chef namentlich nur ein Buchstabe und dem Temperament nach gar nichts trennt, Vujovic wie ein Dompteur von einer tätlichen Attacke auf die Schiedsrichter abhalten.
Nach Schlußpfiff wird der Trainer-Hooligan plötzlich handzahm.

_ *Aus dem „Hamburger Abendblatt"*

Paulus und die Wut

Mit Bitterkeit, Jähzorn, Wut, gehässigem Gerede oder anderen Gemeinheiten sollt ihr nichts mehr zu tun haben. Seid vielmehr freundlich und barmherzig ...

_ *Epheser 4,31f.*

Amok: Wenn die Wut explodiert

Der Gang ist leer, die Türen sind verschlossen, es herrscht Stille um ihn herum. Er geht langsam durch den Gang, vorbei an den vielen Klassenzimmern. „Du Nichtsnutz! Du bist so doof, wie du lang bist! Du Lauch, aus dir wird nie etwas werden!" Und hinter ihm unterdrücktes Lachen seiner Mitschüler.
Er geht weiter. Noch ganz ruhig. Hinter den Türen hört er die Stimmen der Lehrer, die unterrichten. Sie alle haben meistens ihre Lieblinge und hassen Schüler wie ihn. Sie haben ihr Urteil über ihn längst gefällt. Sie haben kein Interesse mehr an ihm.
Plötzlich hört er die vertraute Stimme seines Schulleiters. Der hatte von seinem Büro aus seine Eltern angerufen, während er weinend draußen vor der Tür stand und wartete. Er braucht jetzt nur seinen Mut zusammenzunehmen, die Tür zu öffnen, die Waffe aus seiner Manteltasche herauszuholen und auf ihn zielen ...

_ *Ramazan Yesilyurt*

Der junge Autor kommentiert seine Geschichte:
„So könnte die Geschichte eines Amokläufers anfangen. Aus seiner Wut und Verzweiflung entsteht ein explosives Gemisch: Er läuft Amok.
Der Begriff Amok kommt aus der malaysischen Sprache und steht für eine männliche Person, die plötzlich gewalttätig wird.
Potentielle Amokläufer, das hat die Vergangenheit gezeigt, sind oft eher unauffällige Schüler, die vielfach davon träumen, endlich einmal, ein einziges Mal, in ihrem Leben im Mittelpunkt zu stehen, zu erreichen, daß geschieht, was sie wollen. Als Auslöser reichen manchmal schon Nichtigkeiten."

Ramazan Yesilyurt ist Schüler der 10. Klasse der Rudolf-Roß-Gesamtschule in Hamburg. Seine Geschichte nebst Kommentar erschienen im „Hamburger Abendblatt".

Wut

> *Wenn ihr aber wie wütende Hunde übereinander herfallt, dann paßt nur auf, daß ihr euch dabei nicht gegenseitig auffreßt ...*
>
> _ Galater 5,15

„In maßloser Wut verfolgte ich sie ..." (Apostelgeschichte 26,11)

Sicher, von Paulus, der mal ein Saulus war, erwarte ich ein solches Verhalten. „Und in allen Synagogen zwang ich sie oft durch Strafen zur Läuterung, und ich wütete maßlos gegen sie, verfolgte sie auch bis in die fremden Städte", so heißt es von Paulus in der Apostelgeschichte. Er setzt sich ein, aus Überzeugung und weil's befohlen wurde. Da kennt er nichts. Blinder Gehorsam, der Wut einsetzt, der zum Haß wird.

Ansonsten: Ganze fünf Stellen über Wut gibt es in der Bibel.

Wut haben, Wut zeigen ist scheinbar keine biblische Verhaltensweise.

Paulus, der mal Saulus war, ja. Aber ein Jesus – wütend? Er gilt als der Sanftmütige, einer, der bittet und nicht befiehlt, der allenfalls „zurechtweist", wie es im Lukasevangelium heißt. Der Stille eben, der Besonnene ...

Aber, gibt es nicht auch so etwas wie eine stille Wut? Kannte er das nicht doch, der Menschensohn? Wurde er nicht Mensch wie wir? Ist er nicht ganzer Mensch, wie er ganzer Gott ist?

Ich kenne das mit der Wut. Sie kennen es auch. Sie kennen Situationen, wo Sie wütend wurden, berechtigt oder unberechtigt. Sie kennen den wütenden Schrei, das Türknallen ...

Paulus kannte es und nicht nur als Saulus. Jesus kannte es als ganzer Mensch, und du und ich kennen es.

Kraft-Räume

Wann aber wütend werden? Wenn ich an etwas leide? Weil ich von etwas maßlos enttäuscht werde? Wenn ich Angst habe? Wie Saulus? Wenn ich eine Aufgabe zu erfüllen habe, überzeugt bin von der Richtigkeit und mir dann Menschen in den Rücken fallen, wie das Jesus allzu oft erlebte?
Es heißt, daß es mich „aus der Haut fahren läßt", wenn ich wütend bin. Ein treffendes Bild. Wut als eine Form der notwendigen Häutung, Altes abzulegen, um neue Kleider anzulegen. Wütend sein als eine Form der Eucharistie, der Neuwerdung, als eine notwendige Emotion, die der Mensch braucht für den nächsten Schritt ...

GEBETE

Bin ich es wirklich?

Ich vertraue darauf, daß du da bist
gegen alle Erfahrung und gegen den Augenschein.
Ich vertraue darauf, daß du mich kennst
und mich annimmst wie ich bin
und wie ich gemacht bin. Hast du mich gemacht?
Wir beten es.

Du bist Schöpfer und ich dein Geschöpf.
Gut hast du es mit mir gemeint:
Ich bin gesund und lebendig,
bin dir dankbar für die Güte,
daß du mir neue Anfänge schenkst,
die des Tages und die in Beziehungen und in der Arbeit.
Ich bin wunderbar gemacht. Bin ich es wirklich?

Hast du etwas bei mir vergessen?
Wolltest du entschiedene Menschen,
dann hast du mir diese Erfahrung nicht geschenkt.
Ich bin ängstlich, wenig wagemutig, überaus besonnen.
Ich fühle, daß mir das „Herz" fehlt.
Ich liebe mit dem Verstand.
Ich streite ohne Überzeugung. Ich kämpfe ohne Ziel.
Bring mich in Bewegung, Gott.
Gib mir Schwung. Entschiedenheit.
Mutwut, mich für das Leben einzusetzen.
Und fang damit bald an. Ich möchte es erleben.
Amen.

Die Wut des Bösen ...

Des Himmels Heer durch alle Welt
führt Michael, der starke Held,
zu Gottes Dienst und Ehren.
Die Engel streiten Tag und Nacht,
um Satans böse List und Macht
beizeiten abzuwehren.

Wo ihm nicht wehrt der Engel Schar,
an Leib und Seele, Haut und Haar,
blieb keiner mehr behütet.
Mit Feuer, Wasser, Wind und Schnee
bereitet er der Menschheit Weh,
das hart und grausam wütet.

Wir danken dir, Herr Jesu Christ,
daß du der Herr der Engel bist
und uns die Wächter sendest.
Erhalte uns in deiner Hut
und rette uns, Herr, durch dein Blut,
wenn du den Streit beendest.

_ *Text nach dem Hymnus „Dicimus grates tibi"*
von Philipp Melanchthon 1539

Mut zur Wut

Ich schleudere meine Wut an den Himmel.
Wohin sonst damit?
Ich brauche eine Adresse für meine Wut.
Ich überantworte sie dir.
Ob du etwas dafür kannst, daß ich so wütend bin?
Ich habe Furcht, mit Wut vor dich zu treten.
Es ist keine Wut, für die ich von dir Absolution erbitte.
Es ist keine Wut zwischen Menschen.
Es ist Wut auf dich.

Es macht mich wütend, daß ich so wutlos bin.
Ich habe etwas mißverstanden:
Christ ist der, der besonnen ist,
der abwägt, der prüft,
bevor er etwas sagt oder tut.
Christ ist keiner, der lospoltert,
dem vor Wut der Kamm schwillt.
Christ ist der, der seinen Zorn verklingen läßt.

Der Ton ist weich. Keine harten, lauten Worte.
Ruhe sanft, überall.
Aber, Gott, das ist ja meine Wut auf dich,
daß das andere da ist,
es aber nicht leben darf.
Deine Lämmer blöken still,
deine Hirten rufen,
aber gedämpft.
Gott, ich halte das nicht aus.

Gib mir den Mut zur Wut, ich brauche ihn.
Er läßt mich leben.
Er bringt mich in Bewegung.
Ich kann dabei in die Irre gehen
mit wutentbrannten Schritten.
Aber ich gehe, endlich, entschieden.
Und ich bitte dich um Hilfe, wenn ich falsch handele.
Amen.

Wut auf Gott?

Mein Glaube an Dich ist der Schlüssel für mein Verstehen.
Auch für das, was ich nicht verstehen kann.
Ich weiß, was Zweifeln heißt.
Ich kenne Wut und Zorn auf Dich:

Wenn Kinder vergewaltigt oder getötet werden,
wenn Menschen gefoltert werden,
wenn in Kriegen der Tod vom Himmel regnet,
wenn Naturkatastrophen Menschenleben fordern ...

Warum, Gott?

Es tröstet mich,
daß unsere Bibel auch voll ist
von Fragen und Anklagen gegen Gott!

Wut und Verzweiflung sind Schwestern des Glaubens –
Und doch gibt es die Augenblicke,
wo Du feindliche Schwestern versöhnst.
Das macht mir Mut!

So zehre ich von Christi Wort:
„Ich habe für dich gebetet,
daß dein Glaube nicht aufhöre!"
Das tut mir gut.
Amen.

_ Helge Adolphsen
(Hauptpastor St. Michaeliskirche, Hamburg, Auszug aus einem auf
der Homepage der Gemeinde veröffentlichten Predigttext)

Ein Psalm gebetet aus WUTZORN

Ich bin heiser vor lauter Schreien.
Warum, Gott, erlebe ich so viel Schlimmes?
Warum werde ich belogen?
Wann nimmt meine Qual ein Ende?

Es gibt doch bestimmt noch einen anderen Weg, Gott?
Wenn ja, dann führe mich bitte dorthin!
Ich wünsche mir, daß ich so akzeptiert werde, wie ich bin.
Wenigstens von dir, Gott!

Herr, ich bin doch auch nur ein Mensch.
Wieso darf ich nicht so leben wie die anderen auch?
Ich möchte verstanden werden, wenn ich rede,
ich möchte, daß mir jemand zuhört!

Gott, wo warst du und
wo bist du?

Gott, wieso handelst du nicht?
Gott, wieso hilfst du nicht den Armen
und den Leuten, denen es dreckig geht?
Gab es einen Sinn? Gott, gibst du dich für uns?

Gott ist dort
und
Gott ist hier.
Gott hat viel zu tun!

Hörst du ihn in dir?
Hast du für mich Zeit, Gott?
Gott, wie lange
noch?

Wie lange soll das noch so gehen?
Wir leben schon in großer Angst.
Angst auch bald dran zu sein.
Angst zu sterben.

Angst vor Bedrohung in der Schule,
auf der Straße, im Wald, zu Hause.

Warum müssen wir Angst haben?
Warum gehört Angst zu unserem Leben?
Gibt es ein Leben nach dem Tod?
Warum müssen wir sterben?
Warum sind Menschen böse?
Warum nur, Gott, warum?

Ich möchte glauben, daß ich
wunderbar gemacht bin.
Aber, du machst es mir so schwer ...
Amen.

_ *Entstanden auf den Konfirmandentagen 2001 des Religionspädagogischen Amtes Gießen der Evangelischen Kirche Hessen-Nassau*

GEDANKEN UND TEXTE

... nicht so wütend, Herr K.

Seien Sie nicht so wütend, Herr K.!
Beruhigen Sie sich doch!
Bringt doch nichts,
wenn Sie sich so aufregen.
Kommen Sie wieder runter, Herr K.
Denken Sie an Ihre Gesundheit.
Haben Sie nicht das Jahr der Gelassenheit
ausgerufen?
Da sind Sie erst mitten drin, Herr K.
Nichts ist so wichtig,
daß Sie so wütend werden müßten!
Wut ist nicht gut.
Macht blind.
Und was werden die Leute erst sagen, Herr K.,
daß Sie so voller Wut sind,
bloß weil ein Besoffener Ihren Hund
ÜBERFUHR ...

Blind vor Wut

Formen der Wut sind Zorn, Jähzorn, Ärger. Ursachen für Wut können sein: Haß, Neid, Ekel, Frustration, Scham, Empörung, Eifersucht, Enttäuschung, Kummer, Egoismus, Überempfindlichkeit, Angst, Trauer.

Wut ist ein Gefühl der Ohnmacht, der Hilf- und Machtlosigkeit. Wut äußert sich in Wutausbrüchen oder Wutanfällen, dann ist man „wutentbrannt" oder „kocht vor Wut". Wut ist ein heftiges, ein „heißes" Gefühl.

Wut macht blind. Wer von einem Wutanfall gepackt wird, verliert in unterschiedlichem Ausmaß die Kontrolle über sich selbst und seine Handlungsweise.

Wutanfälle in den Berufsalltag zu integrieren ist schwierig. Hier gilt es, „Haltung zu bewahren". Das läßt sich leichter bewerkstelligen, wenn man ein entsprechendes „Ausgleichsangebot" am Arbeitsplatz hat: die Möglichkeit, Sport zu treiben, zu spielen, zu trommeln oder sonst irgendwie „Dampf ablassen" zu können.

Wenn Sie das nächste Mal einen Wutanfall bekommen, rufen Sie sich am besten in Erinnerung, daß Sie dabei sind, einem Urgefühl freien Lauf zu lassen: die sogenannten limbischen Wallungen. Je kürzer Sie diese Wallungen von Zorn und Wut gestalten können, um so besser für Sie, denn zur kreativen Problemlösung trägt diese Reaktionsform in keiner Weise bei. Wer „vernünftige" Entscheidungen treffen will, muß erst einmal Abstand gewinnen. Dazu ist man jedoch nicht in der Lage, solange man von den eigenen Gefühlen gefangen ist. Also, verschaffen Sie sich, wann immer möglich, Luft, statt die Wut in Ihnen gären zu lassen!

Leben ohne Wut ...

Wut kenne ich nicht.
Gelassenheit schafft Gleichgewicht
Gleichgewicht verhindert Fehltritte
Fehltritte bringen aus dem Takt
Takt braucht die Taktik
Taktik ist die Schwester der Strategie
Strategie ist Sprache der Militärs
Militär ist Lautstärke
Lautstärke bringt Haß
Haß ist manchmal in Wut
Wut äußert sich auch in Gewalt
Gewalt ist Nähe zum Tod
Tod ist Ende des Lebens
Leben ohne Wut
Ist wie Leben ohne Liebe.

Neue Wut ... vereinzelter Protest oder neue soziale Bewegung?

Bis in die Mittelschichten grassiert die Angst vor dem sozialen Absturz. Und diese Angst bricht sich mittlerweile auf der Straße Bahn. Vermischt mit Wut.
Auch in den Betrieben brodelt es, ob bei Mercedes, Opel oder VW. Die Automobilarbeiter sollen auf Lohn verzichten, millionenschweren Sparprogrammen zustimmen. Andernfalls seien die deutschen Produktionsstandorte in Gefahr. In Südafrika, Asien oder Polen könne man eben kostengünstiger produzieren, sagt das Management.
Martin Keßler und sein Team haben die Proteste bei Mercedes, Opel und VW begleitet. Und die Auseinandersetzungen über die rechte Antwort auf „die Erpressungen des Managements".

„Wir haben nicht nur mit den Automobilarbeitern über ihre Wut gesprochen", erläutert der Filmemacher, „sondern auch mit den protestierenden Arbeitslosen und Studenten. Für viele ist das Maß gestrichen voll. Die sind stinksauer." Nur wie schafft man es, all diese Zumutungen von Studiengebühren bis Hartz IV zu stoppen? Und wie soll eine andere Politik denn aussehen? Darüber ist man sich lange noch nicht einig.

_ *Aus der Ankündigung eines Dokumentarfilmes von Martin Keßler*

Wut

Orhan Pamuk über Wut

„Herr Pamuk, in Ihren sieben Romanen, in denen es immer wieder um Begegnungen zwischen östlicher und westlicher Kultur geht, kommt das türkische Wort ‚öfke', zu Deutsch Zorn oder Wut, auffällig häufig vor. Was macht Sie so wütend?"

P.: „Oh, soll ich mir Whiskey in meinen Tee gießen?"

„Wenn Sie möchten."

P.: „Sie suggerieren, die innere Quelle meiner Wut sei mein Land. Aber nein!"

„Was ist es dann?"

P.: „Meine Wut entsteht aus dem Wunsch nach Liebe und Anerkennung. Davon bekomme ich nicht genug. Das gilt wohl für 90 Prozent aller Menschen. Statt allerdings in Depressionen zu verfallen, verbringe ich acht bis zehn Stunden am Tag mit Stift und Papier, das macht aus mir einen sehr glücklichen Menschen. Und weil ich in den letzten Tagen so viel geschrieben habe, kann ich Ihnen heute mein Cinemascope-Lächeln zeigen."

Gott gab Wut

Gabenverteilung
Angetreten in Reih und Glied
Stillgestanden und Ruhe sanft!
Zugehört und keine Widerworte
P. – Liebe mehren
C. – Hoffnung säen
M. – Glaube mehren
A. – Verantwortung leben

D. – Rücksicht üben
B. – Gelassenheit mehren
Alles verstanden, Männer!
Zurückgetreten!
Und Ruhe sanft!
Einsatzgebiet
Erde
K. – Vorgetreten
K. – Wutausbrüche
Einsatzgebiet
Himmel.

Der Backenzahn

Er gehört heraus,
der kariöse Backenzahn.
Er bereite doch Schmerzen,
seit Tagen schon –
müßte er doch,
hatten Sie nicht schlaflose Nächte?
Tage, die wie Blei auf den Schultern lagen?
Nächte, die die Sekunden zählen lernten?
Hoffnungen verlangten
auf einen Morgen ohne Schmerzen?
Waren sie dennoch da –
immer noch,
pochten und verlangten alle Aufmerksamkeit,
vermehrten die Sehnsucht nach Befreiung
aus Not.
Sie muß heraus –
die Wut.

Hans-Georg Wiedemann

Trauer

Herr, du warst unsere Zuflucht
von Geschlecht zu Geschlecht.
Ehe die Berge geboren wurden,
die Erde entstand und das Weltall,
bist du, o Gott, von Ewigkeit zu Ewigkeit.

Du läßt die Menschen zurückkehren zum Staub
und sprichst: „Kommt wieder, ihr Menschen!"
Denn tausend Jahre sind für dich
wie der Tag, der gestern vergangen ist,
wie eine Wache in der Nacht.

Von Jahr zu Jahr säst du die Menschen aus;
sie gleichen dem sprossenden Gras.
Am Morgen grünt es und blüht,
am Abend wird es geschnitten und welkt.

Unsre Tage zu zählen, lehre uns!
Dann gewinnen wir ein weises Herz.

Es komme über uns die Güte des Herrn, unsres Gottes.
Laß das Werk unsrer Hände gedeihen,
ja, laß gedeihen das Werk unsrer Hände!

_ Psalm 90,1–6.12.17

MÄNNERGESCHICHTEN

Abschiedlich leben

Ein Kartenspruch? Eine Empfehlung? Eine Forderung? Können wir das? Wollen wir das? Mitten im Leben an den Tod denken? Schon zu Beginn sich das Ende vorstellen? In allem, was wir tun, mit einbeziehen, daß es nicht von Dauer sein wird? Können wir ein Haus bauen und uns zugleich vorstellen, daß wir nur vorübergehend darin wohnen werden? Können wir mit einer Ausbildung und mit einem Beruf beginnen und schon daran denken, daß wir ihn aufgeben müssen, wenn wir pensioniert werden? Können wir eine Familie gründen und bereits die Vorstellung im Kopf haben, daß die Kinder aus dem Haus gehen werden?

Nein, ich denke, daß wir das nicht können und daß wir das auch nicht sollen, wenn wir noch jung sind und nach allgemeiner Erwartung noch „das ganze Leben" vor uns haben. Jetzt muß es darum gehen, etwas zu schaffen und aufzubauen ohne den Gedanken an das Ende. Jetzt müssen wir so leben, als ob es ein Ende nicht gäbe. Jetzt müssen wir den Tod draußen lassen und so tun, als schafften wir etwas für die Ewigkeit.

Eins aber können wir schon früh: Veränderungen wahrnehmen. Mit 25 las ich Aufsätze, die ich in der Schule geschrieben hatte, sowie mein altes Tagebuch. Da merkte ich: Das war ein anderer, ein Junge, ein Jugendlicher, das war nicht mehr ich.

Natürlich geht es uns auch so, wenn wir frühe Fotografien von uns sehen. Das war einmal ich, dieser so unfertig aussehende, dünne Knabe? Ich empfand es als positiv, daß ich mich verändert hatte – der von damals wollte ich nicht mehr sein.

Veränderung heißt in diesem Fall: Vorangehen – aber es bedeutet auch, daß Zeit vergangen ist. Ich bin älter geworden. Ich habe noch Zeit, aber es wird auch Zeit, daß ich dieses oder jenes tue, zustande bringe, aufbaue, schaffe. Mit der Erfahrung von Veränderung und der Zeit, die schon vergangen ist, kommt eine erste Ahnung in mein Leben: Ich habe nicht alle Zeit. Auch meine Zeit ist begrenzt. Wir nehmen wahr, daß zur Veränderung auch das Altern und der Tod gehören und daß der Tod anderer Menschen in unserer Nähe unser Leben verändern kann. Die Frage ist, wie wir mit diesen Erfahrungen umgehen: Wir können sie aus unserem bewußten Leben verdrängen und verleugnen – aber wir können sie auch in unser Bewußtsein hineinnehmen im Sinne des Psalmwortes: „Lehre uns bedenken, daß wir sterben müssen, auf daß wir klug werden." Klug zu werden könnte dann bedeuten: bei dem, was wir tun, im Hinterkopf haben, daß es vorläufig ist. Das kann zugleich bedeuten, daß wir gegenwärtiger leben und auch intensiver leben.

Es mag Menschen geben, die äußerst rational, „cool", sagen – und so hat es zu mir ein Mann gesagt: „Ich lebe bis zum Rande, und wenn er zuschlägt, dann ist es eben so. Danach kommt sowieso nichts." Gut für ihn. Ich weiß es nicht. Aber ich kann es nicht so sehen. Ich brauche eine Erwartung, eine Sehnsucht, die mich über mich selbst hinaus führt.

Verstehen wir uns als sehnsüchtige Wesen, die im Sinne des Psalmwortes klug genug sind, zu wissen, daß diese Sehnsucht durch nichts, was wir in dieser Welt und in diesem Leben erwerben und besitzen können, zu stillen ist, dann sind wir, so denke ich, ein großes Stück vorangekommen in der Aufgabe, die uns allen gestellt ist: abschiedlich zu leben.

„Bin ich noch ein Mann?"

Ich besuche als Gemeindepfarrer Herrn Arndt. Herr Arndt hat gerade eine Prostataentfernung hinter sich. Er ist Witwer und 64 Jahre alt. Im Gespräch ist zuerst von dem ihm peinlichen Problem der möglichen Inkontinenz die Rede, aber im Verlauf des Gespräches kommt er auf ein anderes Problem, das ihm eigentlich auf dem Herzen zu liegen scheint: „Meine Frau ist zwar schon vor einiger Zeit gestorben, und ich lebe allein. Aber ich bin ja noch nicht so alt und fühle mich auch nicht zu alt, um ..., na, Sie wissen schon, was ich meine. Wird das noch alles funktionieren? Ich frage mich, ob ich dann noch ein Mann bin."

Ich denke nach. Was soll ich Herrn Arndt sagen? Daß nach der Prostataoperation trotz möglicher Ejakulationsprobleme Orgasmus und Leidenschaft nicht auf der Strecke bleiben müssen – daß seine sexuelle Fantasie und die uns allen mitgegebene Fähigkeit zur Selbstbefriedigung viele Möglichkeiten bieten?

Was auch immer ich sage, über eines darf ich ihn nicht und wird er sich selbst nicht täuschen: Es handelt es sich um eine erste Einschränkung des vollen (männlichen) Lebens, der noch weitere Einschränkungen und Verluste folgen werden. Eine erste Erinnerung an unsere Vergänglichkeit, ein erstes Abschiednehmen. Auch für Männer, deren Lebensfreude noch aus anderen Quellen fließt, ist der Verlust der sexuellen Potenz eine wesentliche Veränderung. Das sollten wir Männer uns eingestehen und betrauern, um für neue Lebenserfahrungen frei zu werden. Auch ohne sexuelle Potenz können wir sinnliche Erfahrungen machen – bleiben wir liebesfähig. Und auch ohne sexuelle Potenz bleiben wir Männer: rational und emotional, fantasievoll und tatkräftig.

„Trauerwege"

„Trauerwege" – so nenne ich den ersten Gesprächsabend, mit dem ich eine Trauergruppe beginne. Wenn von einem Trauer-Weg die Rede ist, so soll damit zum Ausdruck gebracht werden, daß es sich bei der Trauer immer um einen längeren Prozeß handelt, um eine Wegstrecke mit bestimmten Stationen. Von einem Trauerweg spricht auch der 23. Psalm: „Und ob ich schon wanderte im finsteren Tal." Ich will damit einen notwendigen Prozeß beschreiben, bei dem deutlich wird, daß Trauern etwas Aktives, Vorangehendes ist – was nicht bedeutet, daß es immer nur vorangeht. Es kann auch lange Aufenthalte geben und Stockungen. Eine Art von „Mumifizierung" habe ich erlebt, als mir ein Mann das unveränderte Zimmer seiner verstorbenen Mutter zeigte – nach zehn Jahren!

Die Wege unserer Trauer sehen verschieden aus je nach Anlaß und Situation. Wir trauern, wenn wir einen Menschen, den wir lieben, dadurch verlieren, daß er sich von uns trennt und nichts mehr mit uns zu tun haben will. Solche Erfahrungen, die manche mit leichtfertigem Unterton als „bloßen Liebeskummer" bezeichnen, können auf katastrophale Weise unser Selbstwertgefühl aus dem Gleichgewicht bringen. Das unterscheidet diese Trauer von der Trauer um den Tod eines nahen Menschen. Wir Männer neigen dazu, uns dann möglichst schnell in eine neue Beziehung zu stürzen, um das Selbstwertgefühl durch das Begehrtwerden durch eine neue Partnerin oder einen neuen Partner wieder aufzurichten. Aber es gibt auch viel Selbstwert in uns selbst. Das herauszufinden braucht allerdings Zeit.

Als ich meinen Beruf als Pfarrer wegen Pensionierung aufgeben mußte, konnte ich nur durch „aktives Trauern" frei werden für die „neue Zeit" danach. Das gilt auch für andere, körperlich härtere Berufe, denn der Abschied vom Beruf ist zugleich der Abschied von der mittleren und aktivsten Phase unseres Lebens. Es stellen sich Gefühle von „Nicht-mehr-gebraucht-Werden" ein und von Sinnverlust. Zur Trauer gehört auch die Wut – vor allem bei denen, die vor ihrer Berentung arbeitslos wurden und aufgrund ihres Alters keine neuen Berufsaussichten haben, aber auch bei denen, die qua Gesetz die Altersgrenze als Berufsverbot hinnehmen müssen. Ihnen würde es helfen, wenn sie nicht resignierten, sondern gegen die Ungerechtigkeit auch aktiv protestierten. Trotzdem müssen sie sich zugleich auf den Abschied von einer Lebensphase einrichten und nach neuen sinnstiftenden Aufgaben suchen.

Schließlich trauern wir, wenn wir einen geliebten Menschen durch den Tod verlieren. Auch hier können die Situationen sehr verschieden sein: Starb ein Mensch, der ein hohes Alter erreicht hatte, also an der Grenze des Lebens eines Menschen überhaupt angelangt war? Oder starb ein mir naher junger Mensch, der sein ganzes Leben noch vor sich hatte? Starb ein Mensch an einer langen Krankheit, die ihn verzehrte – starb er plötzlich und unerwartet oder starb er an einem Suizid? Auch die Art der Beziehung spielt eine Rolle, die uns mit dem verstorbenen Menschen verband: Waren es meine Eltern, war es mein Kind, war es meine Partnerin oder mein Partner, war es ein Freund oder eine Freundin? In allen Fällen geht es aber um einen unwiederbringlichen Verlust. Und die Unwiederbringlichkeit ist das, was am schwersten zu ertragen ist. Als ich meine Nichte mit 32 Jahren beerdigen mußte – sie war vor kurzem erst Mutter geworden –, war ich vor allem von einer unbeschreiblichen Wut erfüllt – gegenüber Gott? Besonders wichtig im Trauerprozeß ist die Phase der aufbrechenden Emotionen. Hier dürfen die Gefühle nicht verdrängt und unterdrückt, sondern müssen nach außen gebracht, zum Ausdruck gebracht werden. Oft haben gerade wir Männer in unseren Trauergruppen damit große Schwierigkeiten. Wir versuchen, unseren Schmerz rational zu bewältigen, wir weinen nicht, wir bleiben „vernünftig", wir schämen uns und können versteinern. Aber die Schmerzen der Seele sind nicht mit dem Verstand allein zu bewältigen. Die Seele hat ihre eigene Sprache, und es ist wichtig und heilsam, sie auch zu sprechen – entgegen dem, was uns Männern beigebracht wurde.

GEBETE

Warum?

Barmherziger!
Warum geschieht das oft so:
Menschen erkranken schwer und müssen leiden,
obwohl sie ihr ganzes Leben
im Dienst für andere gelebt haben?
Menschen überfällt Unglück, obwohl sie sich immer
für Recht und Gerechtigkeit eingesetzt haben?
Es ist schwer für uns, einzusehen,
warum das Gute nicht immer belohnt
und das Böse nicht immer bestraft wird.
Vielleicht sieht es in deinen Augen anders aus
als in unseren?
Gib uns die Kraft, das für uns Unbegreifliche auszuhalten.
Amen.

Erhebe dein Haupt!

Zu jener verkrümmten Frau hat Jesus gesagt:
Stehe auf und erhebe dein Haupt.
Uns fällt es oft schwer, diese Einladung anzunehmen:
Enttäuschungen lasten auf unseren Schultern,
Mutlosigkeit und Resignation drücken uns nieder.
Traurigkeit hält uns umfangen.
Aber auch die Anpassung macht unseren Rücken krumm
und die Angst vor Nachteilen,
wenn wir laut und deutlich Stellung nehmen sollten.
Hilf uns zur Freiheit eines aufrechten Ganges.
Amen.

> *Ich bin gewiß, daß weder Tod noch Leben, weder Engel noch Mächte noch Gewalten, weder Gegenwärtiges noch Zukünftiges, weder Hohes noch Tiefes noch eine andere Kreatur uns scheiden kann von der Liebe Gottes ...*
>
> _ Römer 8,38f.

Zu wem soll ich rufen?

Zu wem sollte ich rufen, Herr,
zu wem meine Zuflucht nehmen,
wenn nicht zu dir?
Alles, was nicht Gott ist,
kann meine Hoffnung nicht erfüllen.
Gott selbst verlange ich und suche ich;
an dich allein, mein Gott,
wende ich mich, um dich zu erlangen.
Du allein hast meine Seele erschaffen können,
du allein kannst sie aufs neue erschaffen;
du allein hast ihr dein Bildnis einprägen können,
du allein kannst sie umprägen
und ihr dein ausgelöschtes Antlitz wieder eindrücken,
welches ist Jesus Christus,
mein Heiland, der dein Bild ist
und Zeichen deines Wesens.
Amen.

_ Blaise Pascal

> *Und ob ich schon wanderte im finstere Tal, fürchte ich kein Unglück; denn du bist bei mir.*
>
> _ Psalm 23,4f.

Freiheit

Nun wird in den Zeitungen wieder gefragt,
wie du, Gott, das zulassen konntest.
Was für eine kindliche Frage: Hast du das angeordnet?
Hast du gewollt, daß so viele Menschen umkamen?
Wir sollten doch wissen,
daß wir „Freigelassene der Schöpfung" sind,
also nicht die Puppen eines Marionettenspielers.
So wollten wir es ja!
Und das bedeutet auch, daß wir ausgesetzt bleiben
den unberechenbaren Gewalten der Natur.
Du hast uns in diese Welt entlassen,
und hier leben wir, ohne daß du in unser Leben eingreifst.
Du hast auf deine Macht verzichtet –
um unserer Freiheit willen.
Aber du bleibst unsere Zukunft,
wenn wir unsere Zeit hier durchschritten haben.
Amen.

In mir ist es finster

Gott, zu dir rufe ich in der Frühe des Tages.
Hilf mir beten
und meine Gedanken sammeln zu dir;
ich kann es nicht allein.
In mir ist es finster,
aber bei dir ist das Licht;
ich bin einsam, aber du verläßt mich nicht;
ich bin kleinmütig, aber bei dir ist die Hilfe;
ich bin unruhig, aber bei dir ist der Friede;
in mir ist Bitterkeit, aber bei dir ist die Geduld;
ich verstehe deine Wege nicht,
aber du weißt den Weg für mich.
Amen.

_ *Dietrich Bonhoeffer*

*Ich glaube, daß, wenn der Tod unsere Augen schließt,
wir in einem Licht stehn,
von welchem unser Sonnenlicht
nur der Schatten ist.*

_ Arthur Schopenhauer

Zeit

Herr meiner Stunden und meiner Jahre,
du hast mir viel Zeit gegeben.
Sie liegt hinter mir.
Sie war mein und wird mein,
und ich habe sie von dir.
Ich danke dir für jeden Schlag der Uhr
und für jeden Morgen, den ich sehe.

Ich bitte dich nicht, mir mehr Zeit zu geben.
Ich bitte dich aber um viel Gelassenheit,
jede Stunde zu füllen.
Ich bitte dich um Sorgfalt,
daß ich meine Zeit nicht töte,
nicht vertreibe, nicht verderbe.
Jede Stunde ist ein Streifen Land.
Ich möchte ihn aufreißen mit dem Pflug,
ich möchte Liebe hineinwerfen,
Gedanken und Gespräche,
damit Frucht wächst.
Segne meinen Tag.
Amen.

_ Jörg Zink

Der Augenblick

Mein sind die Jahre nicht, die mir die Zeit genommen;
Mein sind die Jahre nicht, die etwa möchten kommen;
Der Augenblick ist mein, und nehm ich den in acht,
So ist der mein, der Jahr und Ewigkeit gemacht.

_ Andreas Gryphius

Erinnerungen

Barmherziger!
Die beiden letzten Sonntage im dunklen November
sind Tage der Erinnerung:
an Menschen,
die wir vor langen Jahren im Krieg verloren
und sie doch nicht vergessen haben;
an Menschen,
die bis vor kurzer Zeit ihren Weg mit uns gingen.
Ferner und naher Schmerz: Weh ist uns ums Herz!
Halte uns fest,
wenn die Vergangenheit uns mit sich reißen will.
Öffne uns ein Fenster in deine Zukunft.
Amen.

Leicht?

Leicht soll unser Leben sein –
leicht soll unser Sterben sein.
Manche sagen: Am besten umfallen und tot!
Keine Schmerzen, keine Probleme, keine Fragen.
Leicht sollst du es uns machen.
Aber ich denke,
daß wir uns so um die Tiefe unseres Lebens bringen
und um die Weite unserer Seele.

Spuren

Ein neues Jahr liegt vor uns.
Wir möchten denken: wie frisch gefallener Schnee.
Aber so ist es nicht:
Da sind schon viele Spuren vorhanden, die noch aus dem alten Jahr stammen.
Wenn sie gut für uns waren, dann laß uns weiter in ihnen gehen.
Wenn sie schlecht für uns waren, dann gib uns Kraft, auch neue Wege zu finden.
Mancher von uns hat Abschied nehmen müssen von Menschen, die für ihn wichtig waren. Das Leben ist anders geworden – auch einsamer. Sei Du unser Begleiter.
Amen.

> *Führe ich gen Himmel, so bist du da; bettete ich mich bei den Toten, siehe, so bist du auch da. Nähme ich Flügel der Morgenröte und bliebe am äußersten Meer, so würde auch dort deine Hand mich führen und deine Rechte mich halten.*
>
> _ Psalm 139,8f.

GEDANKEN UND TEXTE

Epilog

Die vielen Dinge, die du tief versiegelt
durch deine Tage trägst in dir allein,
die durch Gespräche nie entriegelt,
in keinen Brief und Blick sie ließest ein,

die schweigenden, die guten und die bösen,
die so erlittenen, darin du gehst,
die kannst du erst in jener Sphäre lösen,
in der du stirbst und endend auferstehst.

_ Gottfried Benn

Herbst

Im Park
Blätter an dürren Zweigen,
rot, braun, gelb.
Ein Greis schlürft durch verwelktes Laub.
Frauen fegen Spazierwege frei.
Der Greis bückt sich nieder,
er hebt auf ein gelbes Blatt:
grün war es, denkt er,
und sacht entgleitet es
der zitternden Hand.
Männer laden Karren voll Laub
und entleeren sie auf Müllplätze.

_ Horst Scheffler

Trost

Du weißt, daß hinter den Wäldern blau
die großen Berge sind.
Und heute nur ist der Himmel grau
und die Erde blind.

Du weißt, daß über den Wolken schwer
die schönen Sterne stehn,
und heute nur ist aus dem goldenen Heer
kein einziger zu sehn.

Und warum glaubst du dann nicht auch,
daß uns die Wolke Welt
nur heute als ein flüchtiger Hauch
die Ewigkeit verstellt?

_ *Eugen Roth*

Ringe

Ich lebe mein Leben in wachsenden Ringen,
die sich über die Dinge ziehn.
Ich werde den letzten vielleicht nicht vollbringen,
aber versuchen will ich ihn.

Ich kreise um Gott, um den uralten Turm,
und ich kreise jahrtausendelang;
und ich weiß noch nicht: bin ich ein Falke, ein Sturm
oder ein großer Gesang.

_ *Rainer Maria Rilke*

Gottes Hand

Du kamst, du gingst mit leiser Spur,
Ein flücht'ger Gast im Erdenland;
Woher? Wohin? Wir wissen nur:
Aus Gottes Hand in Gottes Hand.

_ Ludwig Uhland

Weisheit(en)

Wenn ich bei meinen Großeltern zu Besuch war, dann fielen mir immer die zahlreichen Sprüche auf, die in Holz gebrannt an den Wänden hingen oder im Kreuzstich gestickt im Schlafzimmer die Paradekissen zierten. In diesen Sprüchen oder Sentenzen wurde gemahnt, ermuntert, getröstet. Zudem hatte vor allem die Großmutter viele gereimte Sprüche auf Lager, die sie uns mitgab.

Ich fand das damals merkwürdig und oft lästig. Heute denke ich anders darüber. Auch im Blick auf meine Großeltern: Sie waren keine gebildeten Menschen, die viele Bücher lasen, aus denen sie Lebensweisheiten schöpfen konnten. Sie hatten ein paar Texte und Sprüche aus der Schulzeit und von ihren Eltern im Kopf. Das war gleichsam ihre „Lebensausstattung" für gute und für schlechte Zeiten. Aber was ihnen da vermittelt worden war, war schnell abrufbares Erfahrungswissen und diente als Lebenshilfe.

So erinnere ich mich an zwei Sentenzen, deren Wahrheitsgehalt ich auch heute nicht bestreiten kann: Die eine lautete: „Jeder ist seines eigenen Glückes Schmied." Sicher müssen wir da Abstriche machen, aber an der eigenen Verantwortung für unser Leben kommen wir auch heute nicht vorbei. Und die andere Sentenz hieß: „Das letzte Hemd hat keine Taschen." Das ist eine Mahnung, die mir in unseren Zeiten des ungehemmten Konsums beim Älterwerden immer hilfreicher wird.

Ertragen

Wem ein Geliebtes stirbt, dem ist es wie ein Traum,
Die ersten Tage kommt er zu sich selber kaum.
Wie er's ertragen soll, kann er sich selbst nicht fragen;
Und wenn er sich besinnt, so hat er's schon ertragen.

_ *Friedrich Rückert*

Stufen

Wie jede Blüte welkt und jede Jugend
Dem Alter weicht, blüht jede Lebensstufe,
Blüht jede Weisheit auch und jede Tugend
Zu ihrer Zeit und darf nicht ewig dauern.
Es muß das Herz bei jedem Lebensrufe
Bereit zum Abschied sein und Neubeginne,
Um sich in Tapferkeit und ohne Trauern
In andre, neue Bindungen zu geben.
Und jedem Abschied wohnt ein Zauber inne,
Der uns beschützt und der uns hilft, zu leben.

Wir sollen heiter Raum um Raum durchschreiten
An keinem wie an einer Heimat hängen,
Der Weltgeist will nicht fesseln uns und engen,
Er will uns Stuf um Stufe heben, weiten.
Kaum sind wir heimisch einem Lebenskreise
Und traulich eingewohnt, so droht Erschlaffen;
Nur wer bereit zu Aufbruch ist und Reise,
Mag lähmender Gewöhnung sich entraffen.

Es wird vielleicht auch noch die Todesstunde
Uns neuen Räumen jung entgegen senden,
Des Lebens Ruf an uns wird niemals enden ...
Wohlan denn, Herz, nimm Abschied und gesunde!

_ Hermann Hesse

Sachliche Romanze

Als sie einander acht Jahre kannten
(und man darf sagen: sie kannten sich gut),
kam ihre Liebe plötzlich abhanden.
Wie andern Leuten ein Stock oder Hut.

Sie waren traurig, betrugen sich heiter,
versuchten Küsse, als ob nichts sei,
und sahen sich an und wußten nicht weiter.
Da weinte sie schließlich. Und er stand dabei.

Vom Fenster aus konnte man Schiffen winken.
Er sagte, es wäre schon Viertel nach Vier
und Zeit, irgendwo Kaffee zu trinken.
Nebenan übte ein Mensch Klavier.

Sie gingen ins kleinste Café am Ort
und rührten in ihren Tassen.
Am Abend saßen sie immer noch dort.
Sie saßen allein, und sie sprachen kein Wort
und sie konnten es einfach nicht fassen.

_ Erich Kästner

Markus Hofer

Hoffnung

Halleluja!
Lobe den Herrn, meine Seele!
Ich will den Herrn loben, solange ich lebe,
meinem Gott singen und spielen, solange ich da bin.

Verlaßt euch nicht auf Fürsten,
auf Menschen, bei denen es doch keine Hilfe gibt.
Haucht der Mensch sein Leben aus
und kehrt er zurück zur Erde,
dann ist es aus mit all seinen Plänen.

Wohl dem, dessen Halt der Gott Jakobs ist und
der seine Hoffnung auf den Herrn, seinen Gott, setzt.
Der Herr hat Himmel und Erde gemacht,
das Meer und alle Geschöpfe;
er hält ewig die Treue.
Recht verschafft er den Unterdrückten,
den Hungernden gibt er Brot;
der Herr befreit die Gefangenen.
Der Herr öffnet den Blinden die Augen,
er richtet die Gebeugten auf.
Der Herr beschützt die Fremden
und verhilft den Waisen und Witwen zu ihrem Recht.
Der Herr liebt die Gerechten,
doch die Schritte der Frevler leitet er in die Irre.

Der Herr ist König auf ewig,
dein Gott, Zion, herrscht von Geschlecht zu Geschlecht.
Halleluja!

_ Psalm 146

MÄNNERGESCHICHTEN

Hoffnungen. Die Geschichten meines Lebens

Männer und die Hoffnung – das Thema scheint mir irgendwie pathetisch, fast schon hohl. Nicht daß wir Männer hoffnungslos wären, aber was heißt schon: die Hoffnung. Im Grund ist unser Leben durchzogen von vielen kleinen Hoffnungen, „Hoffnüngchen" sozusagen, falschen und richtigen, ausgesprochenen und stummen, längeren und kürzeren, handfesteren und versponnenen, lauteren und verbohrten, wichtigen und unwichtigen, nachträglich unwichtigen und nachträglich wichtigen.

Langsam gehe ich auf die Fünfzig zu, und wahrscheinlich ist mein Hoffnungskatalog etwas bescheidener geworden, ohne daß ich unzufrieden wäre. Beruflich hoffe ich eigentlich schon noch auf eine neue Herausforderung, aber inzwischen übe ich mich im aktiven Warten, ohne Verbissenheit und eher im Glauben, daß diese Dinge ohnehin nicht ich entscheide. Eigentlich habe ich immer nur im rechten Moment „Ja" gesagt, gekommen sind die Möglichkeiten, wenn sie reif waren. Ungeduldig war ich schon hin und wieder, aber genützt hat es wenig.
Und worauf hoffe ich noch? Ehrlich gesagt, daß mein Wissen und vor allem meine Erfahrung noch einmal an einem anderen Ort gebraucht werden. Vor Jahren war ich ein Kämpfer und Fighter, viel habe ich mit einer ordentlichen Portion Power zustande und in Bewegung gebracht. Heute würde ich gerne noch einmal beweisen, daß ich es mit mehr Weisheit, Erfahrung und Übung machen könnte. Gleichzeitig verstehe ich die vielen Männer, die auch noch auf eine solche Chance warten, aber nicht mehr gebraucht werden, weil alles auf die jugendlichen Kraftprotze setzt.
Ja, und natürlich hoffe ich darauf, daß es meine Frau und ich weiterhin so gut miteinander schaffen. Ich bin weit davon entfernt zu sagen: Lieber Gott, gib dass ... Da haben wir schon das unsere dazu beigetragen – und doch sehe ich es

nicht allein als unsere Leistung. So sehr wir uns gemeinsam bemühen, bewußt unser Leben und unseren Alltag gestalten, erlebe ich es auch als Geschenk. Vielleicht heißt Gnade zuerst einmal nichts andere, als daß man sich nichts einbilden soll darauf, wenn man etwas Wertvolles zustande gebracht hat. Diese Haltung macht mich lockerer, weniger verkrampft und sicher auch offener für Lösungen und Möglichkeiten. Manchmal kann einem etwas nur in den Schoß fallen, wenn man ihn auch offen hält.

Allzu viele Gedanken über das Alter mache ich mir noch nicht, aber ich hoffe natürlich schon, daß wir im Ruhestand noch rüstig genug sein werden, um endlich unser Wohnmobil kaufen zu können. Und heimlich hege ich auch die Hoffnung, daß meine Frau nicht so früh sterben muß wie ihre Eltern. Soll man sich darüber Gedanken machen? Jetzt schon Hoffnungen produzieren?

In meiner Kindheit wünschte man den Erwachsenen zum Geburtstag: „Daß du lange lebst und, wenn du stirbst, in den Himmel kommst!" Heute lachen wir darüber. Auch in den Kirchen gibt man sich heute bescheidener, man betet vor allem um eine gute Sterbestunde.

Das hoffe ich natürlich auch, aber kann man wirklich nicht mehr sagen: Ich hoffe, daß ich in den Himmel komme? Eigentlich hoffe ich das schon, ich meine mit ein paar Umwegen der Reinigung, die ich wohl verdient habe. Dürfen wir solche Hoffnungen nur noch umschreiben oder sehr abstrakt äußern? Ist die alte Formulierung wirklich kindlich? Ich für meinen Teil würde ohne diese Hoffnung eigentlich gar nicht leben wollen.

Zugeben, unsere Bilder vom Himmel sind durchwegs kindlich oder überhaupt fad, à la „Münchner im Himmel". Warum hat die Hölle die Künstler immer schon zu mehr Phantasie inspiriert als der Himmel? Wenn Jesus davon spricht, redet er vom Gastmahl, vom gemeinsamen Essen und Trinken, und damit kann ich sehr wohl etwas anfangen. Jeder Schluck Wein ist dann ein kleiner Vorgeschmack, jeder ehrliche irdische Genuß eine Vorahrung. Trinken ohne betrunken zu werden – darf man so eine Jenseitshoffnung haben? Die heilige Brigitta von Kildare, eine irische Mystikerin, verstieg sich in ihren Visionen zu der Vorstellung, daß sie im Jenseits der Heiligen Familie ein Meer von Bier kredenzen werde. Als Irin dachte sie dabei wohl an Guinness.

Vielleicht ist das nun doch DIE Hoffnung für mich – nicht das Guinness oder der Wein, aber daß das Leben in aller Beschränktheit Sinn macht, daß unser Mühen und Rackern nicht das letzte Wort ist. Ich tue das Meinige und vertraue doch darauf, daß das Leben nicht nur ein Jammertal ist, sondern daß die vielen kleinen Freuden und Genüsse des Lebens nichts als ein Vorgeschmack auf die Vollendung sind. Dabei meine ich das mit den kleinen Genüssen ganz ernst. Bei unserer Hochzeit verwendeten meine Frau und ich einen frechen Text, den ich mir bei dieser Gelegenheit nach achtzehn Jahren nahezu genüßlich in Erinnerung rufe: „Vater, ich danke dir. Du hast mir einen empfindsamen Körper gegeben. Ich denke nicht, daß es blasphemisch ist, so zu beten. Wer denn als du könnte verstehen, daß ich aus meiner Sinnenfreude größere Freuden erahne, die keine Grenzen haben. Vater, du weißt, daß ich nicht meine, die Ewigkeit müsse ein einziger großer Orgasmus sein, aber ich kann nicht umhin, dir für die vielen kleinen, irdischen Orgasmen zu danken und dich dafür zu loben."

Manchmal glaube ich, daß nur der wirklich genießen kann, der auch glaubt, daß mit dem Tod nicht alles aus ist. Ich würde also doch gern in den Himmel kommen! Und genau darum gefällt mir der Satz, den Marie Luise Kaschnitz auf ihrem Grabstein hat: „Selig, die gelebt, bevor sie starben."

Hoffnung ist der Regenbogen über dem heranstürzenden Bach des Lebens.

_ *Friedrich Nietzsche*

Emmaus oder: Die Geschichte von den zwei Männern, die die Hoffnung verloren haben

Für die beiden Männer müssen die letzten Tage und Wochen ganz ordentliche Wechselbäder gewesen sein. Was oben in Galiläa ganz klein anfing, zog immer weitere Kreise, und als es in Richtung Jerusalem ging, spitzte sich das Ganze zu. Und dann ging es überhaupt Schlag auf Schlag, es folgten die Verhaftung, die Verhöre und schließlich die Kreuzigung.

Da saßen sie die letzten Tage in den Häusern von Bekannten herum, den Riegel vorgeschoben, unsicher, ängstlich, hatten im Grunde die Hosen voll. Hinaus getraut haben sie sich jedenfalls nicht. Der eine rannte ständig im Zimmer herum, während der andere nur auf den Tisch vor sich starrte, beide kurz davor, sich gänzlich verrückt zu machen. Zwischendurch ging das Gespräch hin und her, ohne daß sie auf einen grünen Zweig gekommen wären:

„Zuerst war es so schön, alle begeistert, bei den Menschen sind wir so gut angekommen. Als wir mit viel Jubel in Jerusalem einzogen, da sahen wir uns am Ziel unserer Träume. Und nun? Alles ist aus!"

„An Jesus konnten wir uns halten. Da war alles klar. Er wußte, wo es lang geht, was zu tun ist. An ihm konnten wir uns orientieren. Und nun sitzen wir hier wie verscheuchte Schafe."

„Und dann die Frauen! Die waren irgendwie schneller auf den Beinen. Am Morgen schon wollten sie wieder zum Grab. Zum Salben, meinten sie."

„Mir ist das überhaupt alles zu viel. Im Grunde bin ich enttäuscht und kann nicht verstehen, daß alles so gekommen ist. Das will nicht in meinen Kopf."

„Ich muß jetzt raus aus Jerusalem und möchte heim nach Emmaus. Vielleicht finde ich dort wieder meine Ruhe."

Als das Ärgste vorbei schien, beschlossen sie, sich auf den Heimweg zu machen, trostlos und mit langen Gesichtern. Auch auf dem Weg sprachen sie miteinander über all das, was sich ereignet hatte. Bis einer hinzukam und ein Stück mit ihnen ging. Zuerst hörte er nur zu, und sie hatten endlich jemanden, dem sie die ganze Geschichte nochmals erzählen

konnten, jemanden, der zumindest so tat, als kenne er sie nicht: Die Geschichte mit Jesus aus Nazaret.
„Er war ein Prophet, mächtig in Wort und Tat vor Gott und dem ganzen Volk. Doch unsere Hohepriester und Führer haben ihn zum Tod verurteilt und ans Kreuz schlagen lassen. Wir aber hatten gehofft, daß er der sei, der Israel erlösen werde. Und dazu ist heute schon der dritte Tag, seitdem das alles geschehen ist. Aber nicht nur das: Auch einige Frauen aus unserem Kreis haben uns in große Aufregung versetzt. Sie waren in der Früh beim Grab, fanden aber seinen Leichnam nicht. Als sie zurückkamen, erzählten sie, es seien ihnen Engel erschienen und hätten gesagt, er lebe. Einige von uns gingen dann zum Grab und fanden alles so, wie die Frauen gesagt hatten; ihn selbst aber sahen sie nicht."

Es waren zwei Männer, mit denen Jesus unterwegs war. Es ist nicht unbedingt ihre Logik, und in Dingen, die nicht ganz handgreiflich sind, gehen sie lieber vorsichtig ans Werk. Wer als Werkzeug nur den Hammer kennt, hält bekanntlich jedes

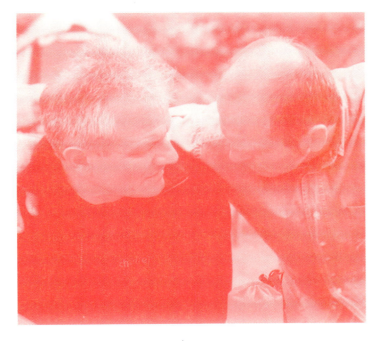

Hoffnung

Problem für einen Nagel. Daß es auch anders sein könnte, wollten sie lange nicht begreifen, bis Jesus fast ungeduldig zu ihnen sagte: „Begreift ihr denn nicht? Wie schwer fällt es euch, alles zu glauben ..."
„Mußte der Messias tatsächlich all das erleiden, um so in seine Herrlichkeit zu gelangen?" Sie hatten es sich so anders vorgestellt. Mit dem Messias verbanden sie eher männliche Heldenphantasien, und nun sollte er der sein, der da am Kreuz so jämmerlich sterben mußte? Also doch kein Superstar? Das ging nicht so schnell. Das mußte man ihnen einfach erklären; das brauchte erst einmal einige Worte und mehrere Schritte Richtung Emmaus, bis sie es in den Kopf bekamen, diese völlig neue Logik.
Letztendlich waren es aber nicht die Worte, sondern es war das Brotbrechen, das ihnen die Augen öffnete. Beim Brechen des Brotes erkannten sie ihn nicht nur mit dem Kopf, sondern mit dem Herzen. Dann sahen sie ihn nicht mehr. Zum Festnageln gab es nichts mehr, keinen mehr zum Ausfragen, doch das brauchten sie nun auch nicht mehr. Sie hatten ihn in dem Moment erkannt, als er bereits entschwand ...

Hoffnung ist nicht Optimismus. Es ist nicht die Überzeugung, daß etwas gut ausgeht. Sondern die Gewißheit, daß etwas Sinn hat ohne Rücksicht darauf, wie es ausgeht.

_ Václav Havel

GEBETE

Männergebet

Gott, als Männer hast du uns erschaffen.
Es gab in der langen Lebenslinie,
an deren vorläufigem Ende wir stehen,
viele, die dem Begriff „Mann" Ehre gemacht haben,
und viele, die ihm Schande bereiteten.

Männerhände haben Häuser gebaut und Felder bestellt,
haben andere Menschen zärtlich gehalten
und die Gesichter von Frauen gestreichelt.
Sie haben Kinder voll Stolz hochgehoben.

Männerhände haben aber auch geschlagen
und Waffen geschmiedet,
haben gemordet und vergewaltigt,
haben die Schöpfung ausgebeutet,
daß sie jetzt verletzt daliegt.

Gott, laß uns Männer sein,
die den Namen unseres Geschlechtes
zu einem wohlklingenden Namen werden lassen,
laß uns Männer des Segens und des Lebens sein.
Amen.

_ *Katholische Männerbewegung St. Pölten*

Der Himmel hat den Menschen als Gegengewicht zu den vielen Mühseligkeiten des Lebens drei Dinge gegeben: Die Hoffnung, den Schlaf und das Lachen.

_ *Immanuel Kant*

Eine gemeinsame Bitte

Vater,
du kennst uns Männer.
Manchmal sind wir stur und hart,
auch wenn es so nicht weitergeht.

Manchmal
brauchst du das Brecheisen,
um uns zur Besinnung zu bringen.

Manchmal
hilft nur eine Krise, ein Bruch,
damit wir zum Nachdenken kommen.

Manchmal
hilft einem harten Klotz
wirklich nur ein harter Keil.

Vater,
wir bitten dich,
daß du an uns Männern dran bleibst,
daß du in deiner Weisheit
auch weiche Wege findest,
uns zu zeigen,
wo es langgeht.

Unser Vater,
darum bitten wir dich,
Amen.

Hoffnung

Vater,
ich habe dich als zurückhaltend und leise kennengelernt.
Du drängst dich nicht auf,
verschaffst dir deinen Platz nicht mit Gewalt.
Du hast Jahre geduldig auf mich gewartet,
bis ich mit meiner eigenen Weisheit am Ende war.

Als ich den Boden unter meinen Füßen verlor,
warst du da ... behutsam, zärtlich.

Vater, ich bitte dich:
Entzieh mir deine Hand nicht mehr.
Lehre mich,
mein Leben aus der Verbindung mit dir zu gestalten.
Und wenn ich wieder
in meine volle Kraft gekommen bin,
bewahre mich vor der Überheblichkeit,
dich nicht mehr zu brauchen.

Ich hoffe darauf,
daß ich keinen Crash mehr benötige,
um deine Nähe und deinen Rat zu suchen.

Ich hoffe aber auch,
daß du nicht nur die geknickten Männer annimmst,
sondern auch die starken, selbstbewußten Typen.
Lehre mich,
wie sich Manneskraft und Gottesfurcht verbinden lassen.

Und wenn ich mir etwas wünschen darf,
dann stell mir ein, zwei Männer nach deinem Herzen
als Freunde und Wegbegleiter an meine Seite.

Ich hoffe auf dich.

_ *Christoph Jochum*

Barmherziger Blick

Vater,
wenn ich dich so nennen darf,
was denkst du eigentlich,
wenn du mich anschaust?

Ich weiß um meine Schwächen
und hoffe doch,
daß du sie
barmherzig ansiehst.

Auf deinen barmherzigen Blick
hoffe ich,
wenn ich meiner Frau manchmal
mehr Last als Unterstützung bin,
wenn ich meinen Kindern manchmal
mehr fremd als gegenwärtig bin,
wenn ich meine Arbeit manchmal
viel mehr als ernst nehme
oder auch sie mich nicht ernst nimmt.

Auf deinen barmherzigen Blick
hoffe ich,
wenn ich manchmal
einfach dreinfahre,
wenn ich manchmal
einfach aggressiv bin,
wenn ich manchmal
nicht ein und aus weiß.

Auf deinen barmherzigen Blick
hoffe ich,
wenn ich manchmal
vorne und hinten verwechsle,
wenn ich manchmal
nur noch rotiere,
wenn ich manchmal
mich selber nicht mehr kenne.

Vater,
schau gütig auf mich,
wenn du mich anschaust.
Hoffe auf mich,
denn nur so
kann ich es auch.
Amen.

> *Die Hoffnung ist bereits ein Teil des Glücks und, vielleicht, das wichtigste Glück, das diese Welt gewährt. Aber, wie bei allen übermäßig genossenen Freuden: Ein Zuviel an Hoffnung wird mit Schmerz bestraft. Und übertriebene Hoffnungen müssen in Enttäuschung enden.*
>
> _ *Samuel Johnson*

Demut

Herr,
lehre mich den Mut zur Demut,
damit ich hoffe, was deines ist.

Lehre mich den Mut zur Demut,
damit ich dir eine Hilfe werde.

Lehre mich den Mut zur Demut,
damit du mir Größe verleihst,
indem ich hoffe,
daß du mich brauchst.

Krise

Ich stehe vor den Scherben
meiner Beziehung,
meiner Bemühungen,
meiner Hoffnungen.

Ich stehe vor dem Tod
einer geliebten Person,
meines Lebensentwurfs,
meiner selbst.

Alles scheint aus.
Die Worte finde ich nicht mehr.
Ich kann nur noch stammeln.

Gott, Vater, wie immer,
ich kann dich kaum noch ansprechen.
Das Wort Hoffnung
erstickt mir im Mund.

Wenn du der bist,
vielleicht kannst du
meinen Schmerz benennen.

Gib mir einen Namen,
damit ich mich finden kann.
Ruf mich,
damit du auch wortlos
bei mir sein kannst.
Amen.

> *Die höchste Form der Hoffnung ist die überwundene Verzweiflung.*
>
> _ Albert Camus

GEDANKEN UND TEXTE

Hoffnung?

Hoffnung kann verrückt machen,
wenn es nur mein Begehren ist:
recht zu behalten
recht zu bekommen.

Hoffnung kann verrückt machen,
wenn es nur mein Begehren ist:
mein Ziel zu erreichen
meinen Kopf durchzusetzen.

Hoffnung kann verrückt machen,
wenn sie nur mein Wille ist:
zum Erfolg
zum Sieg.

Hoffnung kann verrückt machen,
wenn sie nicht offen ist,
wenn ich nicht offen bin.

Hoffnung ist nicht der Brief an das Christkind,
so wenig wie Gott
an meinen Wunschzettel gebunden ist.

Hoffnung ist nicht nur der Glaube an mich selbst,
so wenig wie Gott
mir glauben muß.

Hoffnung ist der Glaube,
daß Gott
mit mir etwas vor hat,
auch wenn es etwas anderes ist.

Telefongespräch mit dem Hoffnungsbalken

... und dann wieder das Warten auf die Diagnose.
Der Arzt als Hoffnungsträger.
Diagnose negativ.
Diesmal noch? Und in 10 Jahren?
Nähme ich, entgegen meinem Reden, die Hoffnungspille, wenn es sie (bald) gäbe?

Anruf von HEB:
Er macht in wenigen Minuten 100 Vorschläge.
Selbst wenn ich keinen davon umsetze, allein die Gewissheit, ich könnte ja.

... und dann wieder:
Der Blick in die Zeitung, Kriegsgefahr, nicht integrierbare Jugendliche, Konjunkturschwäche.

Telefonat mit HEB:
„Es geht mir ausgezeichnet."
Ja, warum mir eigentlich nicht?
Bei näherem Nachdenken keinen Grund gefunden.

HEB, etwas spürend:
„Wir müssen uns unbedingt wieder sehen."

Nachmittags im Garten Kurfürstenstraße.
HEBs und Rosemaris Lachen bricht sich an den Gartenmauern beim Kaffeetrinken. So, nicht durch Posaunen sind die Mauern Jerichos gefallen. Jetzt fallen die Resignationsmauern. Hoffnungssplitter fügen sich zu einem Rahmen. Hoffnung, was ist das, wenn man einfach lebt aus der Fülle!

... und dann wieder:
Was bringt das Leben wohl noch jenseits der Lebensmitte, was es bisher nicht gebracht hat?
Worauf soll man hoffen, wenn man vieles schon hatte oder hat?
Woran erkennt man das Neue, das auf einen wartet?
Teile HEB meine Bedenken – Gedanken mit.
Er segnet mich telefonisch durch sein herrlich-unnachahmliches „Quatsch! Du wirst jetzt ...!" Danach wieder neue Lebensfreude.
Lese in einem Buch, man müsse um Gottes willen unterscheiden zwischen Hoffnung und Illusion.

Habe keine Lust mehr, meine Befindlichkeiten zu kategorisieren.
Muß mal wieder HEB anrufen,
er bringt die Scheinantinomien so schön zusammen.
    Anruf von HEB:
Redet eine halbe Stunde von sich.
Ich schiebe drei Sätze ein, erwarte nicht, daß er mir zuhört.
Am Ende: Er hat alles mitbekommen, vor allem das Ungesagte.
Spricht zu mir in sakramentaler Eindringlichkeit. Körperlich spürbar.
    HEB, Hoffnungsbalken wohl für unzählige Menschen.
Großer Feind von Floskeln, besonders den beruhigenden, pseudotröstlichen.
Jeder Satz handgefertigt, ziseliert, nur einmal erhältlich, auch wenn man ihn nicht sofort verstanden hat.
Aber man kann nachbestellen.
Gigantischer Hoffnungsspeicher.
Auch noch für die Kinder in Afghanistan ...
    Aber auch Balken hängen nicht in der Luft, brauchen ein Gefüge.
Was hält Dich, wer stützt Dich? Woher kommt Dir Hoffnung?
75 Jahre Lebenserfahrung, Leidenserfahrung.
Daß Dir nichts Menschliches fremd ist,
daß Dir auch die entfernten Menschen nahe sind –
das wohl macht Dich durchlässig
für Kräfte und Atmosphären, die in dem kulminieren,
was der Hoffnung liebste Tochter ist:
der Lebenslust.

_ Helmut Tschöpe

Selbst ist der Mann

Selbst ist der Mann.
Ein Indianer kennt keinen Schmerz.

Bis zum Umfallen.
Bis zum bitteren Ende.

Den Letzten beißen die Hunde.

Ich bin der Größte.
Bis zum Umfallen.

Ich bin der Beste.
Bis zum bitteren Ende.

Wenn ich der Größte bin,
liegt alles an mir.

Wenn ich der Beste bin,
bin ich für alles verantwortlich.

Vielleicht beißen den Ersten die Hunde.

Es trifft gewiß zu, daß die Hoffnung eine Gnade ist. Aber fraglos ist sie eine schwierige Gnade. Sie fordert zuweilen unsere Bereitschaft, auch im Scheitern eine Chance zu sehen, in der Niederlage eine neue Möglichkeit. Vielleicht ist die Hoffnung die letzte Weisheit der Narben.

_ *Siegfried Lenz*

Ob da noch etwas offen wär

Wenn du
nun dieser Tag zu Ende geht
mich fragst
ob ich noch etwas auf dem Herzen habe
was ich mir wünschte inniglich
für diese Welt
und ganz am Rande auch für dich und mich
ob da noch etwas offen wär
so sage ich
ja in der Tat
da steht noch etwas aus
für dieses alte Erdenhaus
vor allem eine Handvoll
Gottvertraun

Hoffnung

und morgen früh
steht nicht schon wieder kalt und grau
die Angst am Bett
und will mit mir zur Schule gehen
in die Montagehalle ins Büro (...)

und morgen früh
steht nicht schon wieder die Angst am Bett
sondern die Freude auf den kommenden Tag

und die letzte Stunde
ist ohne Bitterkeit
weil da die Gewißheit ist
daß einmal der Tod nicht mehr sein wird
noch Leid noch Geschrei noch Schmerz
noch Trübsal oder Angst
Verfolgung oder Hunger
Blöße Gefahr oder Schwert

und sich noch einmal jenes Wort erfüllt
das spricht
fürchte dich nicht
komm mit
ich geh mit dir
auch diesen letzten Schritt
und deshalb kannst du
voller Gottvertraun
schon heute einen ersten tun.

_ Okko Herlyn

Es kommt darauf an, das Hoffen zu lernen. Die größten Menschen sind jene, die anderen Hoffnung geben können.

_ Jean Jaurès

Hoffnung

In Gleichnissen spricht Jesus
von der Hoffnung,
die die Seinen hinaushebt
über alle vordergründige Welt
und Todesangst.
Von einer Einladung
zu einem großen Festmahl
spricht er:
Ihr seid die geladenen Gäste.
Laßt liegen,
was euch hindert zu kommen.
Von einer Hochzeit spricht er:
Seid da! Seid wach!
Bald werden die Türen geöffnet,
der Bräutigam kommt,
und das Fest beginnt.

Er sagt damit:
Dein Weg führt weder
ins Dunkle oder Unbekannte
noch in den ewigen Kreislauf.
Er führt geradeaus,
in die Helle
und in die Freiheit.
Mach dich bereit zur Begegnung mit Gott ...

_Jörg Zink

Hoffnung ist ein Seil, auf dem viele Narren tanzen.

_Aus Russland

AUTORENVERZEICHNIS

Detlev Gause, geboren 1952, Pastor für Menschen mit HIV und AIDS und deren Zugehörige in Hamburg; verschiedene Veröffentlichungen – unter anderem zu Männerthemen und zur Jungenpädagogik.

Markus Hofer, Dr. phil. Mag. theol., geboren 1957, verheiratet, Studium der Philosophie, Theologie, Germanistik und Kunstgeschichte; seit 1996 Leiter des Männerbüros der Katholischen Kirche Vorarlberg, Buchautor.

Eckhard Käßmann, geboren 1954, verheiratet, vier Töchter, Pfarrer, Spiel- und Theaterpädagoge. Eckhard Käßmann lebt mit seiner Familie in Hannover.

Bruder Paulus Terwitte, geboren 1959, Kapuzinerbruder seit 1978, Priesterweihe 1985; Erfahrungen in der Gemeindearbeit und der Krankenhausseelsorge. Leiter des Kapuzinerklosters Liebfrauen in Frankfurt/M. und Mitarbeiter in der City-Pastoral.

Klaus Vellguth, Dr. theol. und Dipl.-Religionspädagoge (FH), geboren 1965, verheiratet, drei Kinder, Leiter des Fachbereichs Medien bei „missio" Aachen und Schriftleiter des „Anzeiger für die Seelsorge". Klaus Vellguth lebt mit seiner Familie in Aachen.

Hans-Georg Wiedemann, Dr. theol., geboren 1936, verheiratet, vier Kinder, ist Jurist, Theologe, Lebens- und Sexualberater; 1973–2001 evangelischer Gemeindepfarrer in Düsseldorf; heute u. a. Mitglied im Beirat für Gesellschaft und Theologie der Männerarbeit der EKD sowie wissenschaftlicher Leiter der internationalen Gesellschaft für Tiefenpsychologie; zahlreiche Veröffentlichungen.

QUELLENVERZEICHNIS

Textnachweis

S. 9, 13, 35, 55, 66, 77, 99, 119: aus: Einheitsübersetzung der Heiligen Schrift, © 1980 Katholische Bibelanstalt, Stuttgart.
S. 16: aus: Max Frisch, Andorra, © Suhrkamp Verlag, Frankfurt am Main 1961.
S. 19: aus: Paul Coelho, Auf dem Jakobsweg. Tagebuch einer Pilgerreise nach Santiago de Compostela, © 1999 Diogenes Verlag, Zürich, S. 74f.
S. 27: aus: Sándor Márai, Himmel und Erde. Betrachtungen, © Piper Verlag GmbH, München 2001, S. 236-238.
S. 29: aus: Erich Fried, Liebesgedichte, © Verlag Klaus Wagenbach, Berlin 1979, NA 1995.
S. 29: aus: Günter Grass, Gedichte und Kurzprosa (Werkausgabe in 18 Bänden, Band 1), © Steidl Verlag, Göttingen 1997/2002.
S. 32: aus: Peter Härtling, Werke. Bd. 8, hrsg. v. Klaus Siblewski, © 1999 by Verlag Kiepenheuer & Witsch, Köln.
S. 32: aus: Bertolt Brecht, Werke. Große kommentierte Berliner und Frankfurter Ausgabe, Band 14, © Suhrkamp Verlag, Frankfurt am Main 1993.
S. 33: aus: Reiner Kunze, gespräch mit der amsel. © S. Fischer Verlag GmbH, Frankfurt am Main 1984.
S. 42: aus: Dietrich Bonhoeffer, Widerstand und Ergebung. © by Gütersloher Verlagshaus, Gütersloh, in der Verlagsgruppe Random House GmbH, München.
S. 42: aus: Fritz Riemann, Grundformen der Angst. Eine tiefenpsychologische Studie, © 36. Auflage 2004, Ernst Reinhardt Verlag, München/Basel, S. 7.
S. 44, 47, 54, 108, 112: aus: Lutherbibel, revidierter Text 1984, © 1985 Deutsche Bibelgesellschaft, Stuttgart.
S. 46: Alle Rechte im tvd-Verlag, Düsseldorf 1981.
S. 63: aus: Martin Buber, Das Buch der Preisungen. Die Psalmen, © by Gütersloher Verlagshaus, Gütersloh, in der Verlagsgruppe Random House GmbH, München.

S. 109: aus: Dietrich Bonhoeffer, Widerstand und Ergebung, a.a.O.

S. 110: aus: Jörg Zink, Wie wir beten können, © Kreuz Verlag, Stuttgart 2002, S. 110.

S. 113: aus: Gottfried Benn, Sämtliche Werke. Stuttgarter Ausgabe. In Verb. m. Ilse Benn hrsg. v. Gerhard Schuster (Bände I-V) und Holger Hof (Bände VI + VII). Band I: Gedichte 1. Klett-Cotta, Stuttgart 1986.

S. 113: Horst Scheffler, aus: ... geradeaus in den Tod, © Martin-Verlag Berger, Buxheim, 1982.

S. 114: aus: Eugen Roth, Das große Eugen Roth Jubiläumsbuch, 2003 Carl Hanser Verlag, München-Wien, © Dr. Thomas Roth, München

S. 117: aus: Hermann Hesse, Werke, Band 10: Die Gedichte. © Suhrkamp Verlag, Frankfurt am Main 2002.

S. 118: aus: Erich Kästner, Doktor Erich Kästners Lyrische Hausapotheke, © 1936 Atrium-Verlag, Zürich.

S. 134, 137: aus: Fulbert Steffensky (Hg.), Große Schwester Hoffnung. Über Niederlagen und Gelingen, © 2004 LIT Verlag, Münster.

S. 139: aus: ferment 8/9, 1986.

Bildnachweis

S. 13: Photo digital

S. 23, 31, 39, 55: MEV

S. 35: Brand X Pictures

S. 49, 61, 125, 137: © Evangelisches Männerwerk Württemberg

S. 71, 105: Peter Wirtz

S. 77, 99, 119: getty images

S. 83, 95: © www.photocase.com

S. 115: Hermann Ahrend